한 곡의 노래를 부르기 위해서

김미숙 수필집 2023

우리시대의 수필작가선 098

한 곡의 노래를 부르기 위해서

김미숙 수필집

수필세계사

작가의 말

세 번째 수필집을 낸다. 이번 수필집 속에는 할머니와 어머니의 삶이 깃들어 있다. 글을 쓰면서 할머니를 떠올렸고, 우리 오남매를 잘 키워주신 어머니에 대한 감사의 마음을 담았다. 두 분이 내 무의식으로 들어와 나는 함께 웃고 울곤 했다.

수십 년 전, 외할머니는 어렵고 힘든 삶이 소설과 같다고 하셨다. 하지만 그 인생을 한 줄의 글로 옮기지 못한 채 세상을 떠나셨다. 마흔 중반에 홀로 된 어머니도 할머니와 똑같은 말씀을 하셨다.

글자를 읽고 쓰지 못했던 어머니는 자식들 입에 풀칠하기 위해 참으로 고단한 삶을 살았다. 할머니도 어머니도 그런 삶 때문에 소설 같은 인생을 구구절절 풀어놓고 싶었을 것이다.

나는 할머니와 어머니보다 여러 가지로 많은 혜택을 누리고 살았다. 셋방살이로 시작한 첫 세상살이였으나 살아온 흔적을 돌이켜보면 즐겁고 행복한 날이 더 많았다. 아마도 글을 읽고 쓰는 동안 지난한 삶이 치유되었기 때문인 것 같다.

  붉은 장미가 온 세상을 수놓고 있다. 푸른 하늘만 올려다봐도 가슴이 울렁거리는데 꽃길을 걸으니 세상이 너무나 아름답고 황홀하다. 할머니는 이 아름다운 세상을 등지고 오래전에 떠나셨지만, 아직까지 건강하게 살고 있는 어머니의 남은 인생길이 부디 장미꽃길 같기를 소망한다.

장미꽃이 아름다운 계절에
김 미 숙

차례

제1부

한 곡의 노래를 부르기 위해서

013 한 곡의 노래를 부르기 위해서
017 누구를 원망하리
022 똥거름 배달
026 특별한 휴가
029 찬란한 해넘이를 위하여
034 출근하는 버스 안에서
038 목도리
042 뜻밖의 만남

제2부

별이 빛나는 밤

별이 빛나는 밤	049
약골 길들이기	054
초년생의 봄날	058
안갯속	063
시루떡	068
편지 친구 1	072
편지 친구 2	076
고양이 몸보신	081
잔도에서 만난 남자	085

제3부

대게

091   대게
096   세상을 향한 첫 방
100   응어리
104   젊은날의 표상
109   아드린느를 위한 발라드
112   기억속의 슬픔
117   엄마와 출근길
122   낚시에 빠지다
126   그들의 사랑법

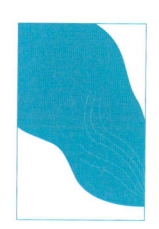

제4부

초행

초행　133
목련꽃 필 때면　138
지란지교　143
새봄　148
가드레일에 선 여자　152
효도 이야기　157
신도 버린 사람들　161
언니와 마지막 여행　165
둘째 아들의 우정　169

제5부

아름다운 통곡

175   아름다운 통곡
180   갱년기
185   보리수나무 찾기
190   고흐의 마을에서
195   애플 망고
200   꾸스코의 슬픈 역사
205   굿바이 소년
210   바예스따 섬의 보물
215   키스하는 연인
219   물길

제1부

한 곡의 노래를
부르기 위해서

나는 배우는 것에 남보다 뒤처졌다. 눈썰미도 없었고 걸음걸이도 느렸다. 배우지 못하는 것도 수없이 반복해야 겨우 따라갈 수 있었다. 남들이 몇 시간에 해내는 것을 나는 밤을 꼬박 밝혀야 가능했다. 두세 배, 아니 열 배 이상은 노력해야 겨우 눈을 뜰 수 있었다.

- 한 곡의 노래를 부르기 위해서
- 누구를 원망하리
- 똥거름 배달
- 특별한 휴가
- 찬란한 해넘이를 위하여
- 출근하는 버스 안에서
- 목도리
- 뜻밖의 만남

한 곡의 노래를 부르기 위해서

 노래 잘하는 사람을 보면 부럽다. 어떤 자리에서든지 마이크만 대면 기다렸다는 듯, 서슴없이 노래를 부르고 악기를 다루는 솜씨를 볼 때면 은근히 기가 죽는다. 눈을 지그시 감고 감정까지 살려서 분위기를 고조시키는 사람을 보면 넋까지 잃고 만다.
 나는 불혹의 중반이 넘을 때까지 남 앞에서 노래를 불러 본 적이 없었다. 끝까지 가사를 아는 노래가 없어서이기도 하거니와 음악적 감각이 없는 음치이기 때문이다. 그렇다 보니 그 흔한 노래방 가는 것조차도 꺼렸다. 회식이 끝나면 노래방에 가는 것이 수순이었지만 혼자서 소리 내어 노래 불러본 적도 없는데 남들 앞에서 목청껏 부르라니 그때마다 여간 힘든 게 아니었다.

친구들은 노래하는 옆에서 손뼉을 치고 흥얼거리면서 몸을 살살 흔들면 된다고 조언을 했다. 하지만 음악소리가 쾅쾅 울리고 시끄럽다고 느껴지는 순간 슬그머니 노래방을 빠져나오곤 했다. 연습을 해서 다음엔 후련하게 한 곡 정도는 불러 보고픈 마음도 그때뿐이었다. 그러는 사이 음악과는 점점 담을 쌓고 살았다.

몇 년 전 늦가을, 남편은 잘 다니던 회사를 그만두고 새로운 일을 하기 위해 구상 중이었다. 하지만 생각뿐, 일 년이 지나고 또 한 해가 바뀌어도 뚜렷한 실마리가 보이지 않았다.

새벽에 하는 몇 푼의 아르바이트로 근근이 생활을 이어가고 있었다. 어떻게 살아가야 할지 앞이 캄캄했다. 보이지 않는 어둠의 긴 터널만 눈앞에 이어졌다. 미래에 닥쳐올 두려움을 감내하기란 쉽지 않아 천장이 뚫어져라 한숨만 내쉬고 있었다.

봄은 왔다가 가고 또다시 왔지만 집안은 냉기가 그득했다. 5월이 되자 햇살은 더욱 눈부셨다. 투명한 하오의 햇살을 받아 이팝나무가 꽃망울을 터트렸다. 호젓한 시골길을 달리는 버스 안에서 터질 것 같은 울음을 꾸역꾸역 삼키며 어금니를 앙다물었다. 축 처져 있는 가족을 위해 내가 할 수 있는 일은 무엇일까 고민하다가 일자리를 찾아가던 중이었다. 그때 라디오에서 애절하게 노래가 흘러나왔다. 이팝나무꽃 사이로 부서지던 햇살처럼 청아한 소리로 느껴졌다.

어디선가 들어 본 것 같은 노래였지만 어떤 곡인지 알지 못했다. 그 멜로디와 가사는 마음 한구석을 저릿하게 했으며, 두근거리게도 했다. 노래가 가슴을 울려본 적은 처음이었다. 나는 노래를 듣느라 내려야 할 곳을 지나쳤다. 먼지가 풀풀거리는 시골길을 터벅터벅 걸어서 되돌아오다 보니 끝나버린 노래처럼 내 삶도 자꾸만 뒤처지는 기분이었다.

우린 결혼할 때부터 아무것도 없이 시작했다. 문간방에서 월세로, 한 칸 전세방에서 두 칸으로 전전했지만 한 번도 불행하다고 생각한 적은 없었다. 하지만 남편이 회사를 그만두었을 때는 내 인생이 다 끝나버린 것 같았다.

내려야 할 곳을 잊게 했던 노래는 삶이 벅차고 힘들 때마다 기억이 났고, 그때마다 찾아서 들었다. 일을 하거나 텔레비전을 볼 때, 책을 읽으면서도 듣다 보니 점차 소리 내어 불러보고 싶었다. 라디오에서 흘러나오는 노래를 따라 불렀다. 열 번이고 스무 번이고 서른 번이고 노래 한 곡을 완전히 익힐 때까지 반복해서 부르고 또 불렀다.

그러던 어느 날, 문학회 연말 행사 후 모임에서 노래방에 가게 되었다. 나도 따라갔다. 평소 같으면 줄행랑을 쳤을 텐데 그날따라 그까짓 것 한 번 해 보지 뭐 하는 생각이 들었다. 노래를 시키더라도 이번에는 뺀다는 소리를 듣고 싶지 않았다. 그리고 마침내 노래를 불렀다. 반주가 나오자 두근거리는 마음을 뒤로하고 평소 흥얼거렸던 바로 그 노래를 한 곡 뽑아냈다. 노래가 끝나자

가슴이 더 떨렸지만 해냈다는 안도의 한숨이 몰려왔다.

　나는 배우는 것에 남보다 뒤처졌다. 눈썰미도 없었고, 계산법도 느렸다. 배워서 익히는 것도 수없이 반복해야 겨우 따라갈 수 있었다. 남들이 몇 시간에 해내는 것을 나는 갑절 이상 걸려야 가능했다. 두세 배, 아니 열 배 이상은 노력해야 겨우 눈을 뜰 수 있었다. 그래서인지 노래도 시작하면 될 때까지 끝장을 봐야 했기에 포기하기가 시작하는 것보다 더 어려웠다.

　요즘은 라디오에서 노래가 흘러나오면 아무 생각 없이 따라서 부른다. 시작하는 부분에서 박자를 놓치기도 하고. 음정이 맞지도 않지만 포기하지 않고 끝까지 따라 부른다. 정말 힘든 순간 내 마음을 말해 주었던 그 노래처럼 노래가 지니는 힘을 믿기 때문이다. 장르를 가리지 않고 노랫말을 흥얼거리다 보면 근심 걱정이 사라지고 마음이 정화되는 듯하다. 듣기만 할 때는 몰랐다. 더 깊이 위로받고 동화된다는 것을. 노래 한 곡 속에는 어렵고 힘들고 아름답고도 슬픈 이야기가 있다는 것을 노래를 익히고 따라 부르면서 알게 되었다.

　아직도 노래 한 곡 멋들어지게 부르지는 못하지만 상관없다. 다른 사람이 듣건 말건 우당탕거리는 내 노래는 오늘도 나의 일터인 농장에서 창공으로 퍼져나간다.

누구를 원망하리

몇 년 전 복숭아밭을 계약했다. 땅을 사겠다는 친구를 따라 복숭아밭에 갔는데 그녀는 마음에 들지 않는다고 돌아섰다. 나는 그 밭이 첫눈에 마음에 들어서 밤새도록 잠이 오지 않았다. 이차선 도로에서 멀지 않은 평평하고 길쭉한 직사각형의 밭에 마음이 이끌려 밤새 뒤척였다.

이튿날 새벽, 동이 트기 무섭게 막내 여동생한테 전화를 했다. 전날의 복숭아밭 이야기를 하면서 마음에 드니 땅을 계약할 수 있게 돈을 빌려 달라고 했다. 아니, 맡겨 놓기라도 한 것처럼 막무가내로 졸랐다. 동생은 형부 몰래 땅을 계약하면 잔금은 어떻게 하냐며 돈이 없다고 딱 잘랐다. 내가 며칠 동안 애원을 하자

적금 만기가 되어 통장에 돈이 있지만 두 달 후에 입주할 아파트 막대금을 줘야 한다며 날짜를 어기지 말라고 당부했다. 복숭아밭을 두 번째 가봤을 때도 가슴은 콩닥거렸다. 그 설렘에 빌린 돈으로 계약금을 지불하고 도장을 찍었다.

잔금을 치러야 할 날짜는 눈 깜짝할 사이에 다가왔다. 통장에 잔고가 하나도 없어서 혼자 끙끙 앓다가 남편한테 땅을 계약했다는 얘기를 했다. 은행에 대출 신청을 하고 돌아오는 길에 의논도 하지 않고 일을 저질렀다고 호되게 잔소리를 들었다.

며칠 후 포클레인과 크레인을 불러서 밭 정리를 했다. 오래된 복숭아나무를 베어내고 밑둥치를 뽑았다. 그 밭에 포도밭을 만들 계획이었다.

복숭아나무를 뽑아낸 자리에 포도 비가림을 설치했다. 여러 가지 시설을 하니 들어가는 돈이 만만치 않았다. 남편 몰래 동생한테 또 돈을 빌렸다. 동생은 고생문이 훤하다며 혀를 끌끌 찼다. 포도농사는 아무나 하는 일이 아니라며 지금이라도 포기하라고 애원했다.

"억 억 들어가는 돈을 들여서 본전이나 뽑겠어? 이천 평 가까이 되는 복숭아 농사만 지어도 힘들잖아. 포도는 손이 많이 간다던데 언니가 그 많은 일을 어떻게 하려고 해?"

그때까지만 해도 나는 농사짓는데 자신감이 가득 차 있었을 뿐 그 소리는 귀에 들어오지 않았다.

두 달에 걸쳐서 비가림 설치가 끝났다. 포도나무를 심기 위해서 구덩이를 파놓고 상토와 퇴비를 넣었다. 접목 나무를 심은 지 얼마 되지 않아서 나무는 가지가 쑥쑥 자랐다. 포도는 덩굴성 과수이므로 순이 올라올 때마다 1단 2단 3단 붙들어 매서 수형을 잡아줘야 했다. 그해 겨울, 전정 작업을 했다. 한 눈만 남기고 모두 잘라냈다.

이듬해 봄이 되자 잘라낸 자리에 새순이 올라왔다. 올라온 순을 한 가지씩 붙들어 매면서 전쟁이 시작되었다. 꽃이 피고, 송이 다듬기를 하고, 알솎기를 하고, 봉지를 씌우고 수확하는 동안 하루, 이틀, 한 달, 일년은 눈 깜짝할 사이에 지나갔다.

포도 농사를 지어보니 한두 해는 몇 송이 열리지 않아서 일이 많지 않았다. 문제는 삼 년째 봄부터였다. 그해부터는 새순이 포도송이를 몇 배나 더 물고 나왔다. 포도밭의 잔일도 훨씬 많아졌다. 해가 갈수록 기하급수적으로 늘어났다. 봄부터 하루도 쉬어본 적이 없었다. 해가 뜨기 전에 나와 앞이 보이지 않아서 일을 못할 정도가 되어야 집으로 향했다. 여름이 되고 무더운 날이 이어지자 조금씩 지쳐갔다.

남편은 남편대로 이미 짓고 있는 복숭아를 따야 했고, 농자재 납품으로 전국을 다녔다. 포도 농사를 도와줄 사람이 주변에 아무도 없었다. 혼자 그 넓은 밭에서 매일 끙끙거렸다. 내가 일을 저질렀으니 누군가에게 하소연할 사람도 없었다. 아이들한테 힘들다는 말은 더더욱 아니었다. 친정엄마에게도 도와달라고 입도 벙긋 못하는 신세가 되었다. 땅을 계약했다고 말했을 때 엄마는 내게 고생문이 열렸다고 따라다니면서 반대를 했었다.

봄이 지나고 여름이 되자 온도와 습도가 높아갔다. 그럴수록 몸은 지쳐갔다. 물을 먹고 또 마셔도 땀은 흘러내렸다. 온몸은 천근만근이고 오직 정신력으로 버티면서 일을 했다.

그날도 포도나무가 보이지 않을 때까지 일을 하고 있는데 남편이 출장 갔다 와서 퇴근하자고 밭으로 찾아왔다. 남편도 지쳐 보였다. 그런 사람한테 도와 달라고 간청했다. 포도나무를 중간에 두고 마주 보면서 순을 자르고 붙들어 매면 며칠은 앞당길 수 있으니 같이 하자고 졸랐다.

남편 하는 일이 눈코 뜰 새 없이 바쁜지 알면서도 어리광을 떨었다. 하루해는 짧은데 일은 태산만큼 많으니 며칠만 도와주면 다음 일을 순차적으로 할 수 있을 것 같았다.

"일을 만들 때는 혼자 할 생각으로 시작했던 거 아이가?"

남편의 말이 진심이 아닌 건 알았지만 막상 그 말을 들으니 너무나 섭섭했다.

"나는 미쳤어, 미쳤어. 미쳐도 단단히 미쳤어."

내가 무슨 부귀영화를 누리려고 이렇게 많은 농사를 지으면서 힘들게 살고 있는지 모르겠다. 연일 36도가 오르내리는 무더운 날씨에 종일 땀을 뻘뻘 흘리면서 죽기 살기로 일하는지 모르겠다며 중얼거렸다.

　포도송이를 다듬고 알솎기를 하면서 수십 번도 더 "미쳤다, 미쳤어."를 중얼거리며 나를 나무랐다. 주변에서 농사를 더 늘리지 말라고 따라다니면서 말릴 때 그만둬야 했는데 그 말을 듣지 않고 이제 와서 누구를 원망하리. 후회한들 이미 늦었다.

　포도밭에 어둠이 내려앉았다. 일을 마치고 포도밭을 나오다가 뒤를 돌아보았다. 포도송이들이 일렬로 사열하듯 조롱조롱 매달려 어둠 속에서 푸른빛을 내고 있었다. 그 모습을 보는데 힘든 내 모습은 어디론가 사라지고 너무나 예쁘고 사랑스러워 입이 귀에 걸리고 말았다.

　"자기야, 저기 올망졸망 매달려 있는 포도 좀 보세요. 얼마나 예쁘고 사랑스러운지 모르겠어요."

　"그렇게 보이면 당신은 농사를 지어도 되겠다."

　남편은 그 말 한마디 던지고는 주차해 놓은 차에 먼저 올라탔다.

똥거름 배달

나는 여러 가지 직업을 가지고 있다. 복숭아와 포도농사를 짓는 농부이면서 농산물 수출하는 무역업도 한다. 농자재를 홍보하고, 농사를 잘 지을 수 있도록 농업 컨설팅도 한다. 가을걷이가 끝나면 유기질 비료를 농가에 배달하는 유통업도 한다.

말이 유기질 퇴비이지 바로 표현하자면 동물들의 똥거름이다. 소똥, 닭똥, 돼지똥, 갈매기똥, 염소똥까지 모든 똥들은 밭을 기름지게 만든다. 요즘 쓰이는 똥들은 발효를 시킨 다음 포대에 담아서 상품화되어 나온다. 그것을 똥이라 하지 않고 유기질비료 혹은 퇴비라 부른다.

똥은 식물이 자라는데 없어서는 안 될 중요한 비료다. 물 빠짐이 좋지 않거나 푸석푸석한 땅에 퇴비를 뿌려주면 기름진 땅으로 변한다. 농민들은 농사가 끝나고 겨울로 들어설 무렵 한 달 동안 읍면사무소에서 보조 신청을 하고, 이듬해 봄에 유기질 퇴비를 받는다. 농민이 신청한다고 원하는 만큼 다 나오지는 않는다. 땅의 평수와 나무의 나이테에 따라서 정해진 양만큼 나온다. 유기질 비료 배달은 박리다매라서 숫자 계산을 잘 해야 하지만 그보다 육체적으로 힘이 든다. 비료 사업을 하는 남편은 한 차씩 퇴비를 싣고 옆동네, 아랫동네, 윗동네로 몇 달간 오지게 나른다.

 유기질 비료를 판매하고 배달한 지 십 수 년이 넘었다. 처음 시작할 땐 차에 싣고 오르내리는 것을 모두 수작업으로 했다. 한 포 당 20kg인데 처음 옮길 때는 가볍게 느껴지지만 몇 포대 들지 않아서 손에 힘이 빠진다. 하루 이틀도 아니고 초가을부터 늦봄까지 몇 달 동안 수만 포를 날랐더니 손목과 팔다리에 무리가 왔다. 힘이 약한 나는 일을 많이 하지도 않았는데 허리 디스크와 협착증이 왔다.

 남편도 손가락이 아프기 시작했다. 손가락을 오므리면 중지가 잘 펴지지가 않았다. 얼마 전에 시술을 했는데도 차도가 없었다. 무거운 것을 많이 들어서 어깨도 아프고, 팔이 올라가지 않는 상태였다.

 찬바람이 심하게 불던 날, 남편이 배달하러 간다기에 따라나섰다. 혼자 사는 할머니가 배달을 재촉해서 지게차로 두 팔레트를 실었다. 일 톤 차에 백오십 포를 싣고 출발하는데 차가 휘청거렸다. 옆자리에 앉은 나는 뒤에 실려 있는 거름 포대가 도로에 떨어질까 봐 자꾸만 신경이 쓰였다.

배달할 위치를 확실하게 알지 못해서 내비를 켰다. 구불구불한 시골길은 실핏줄처럼 퍼져서 어느 길로 들어가야 할지 몰랐다. 내비 속에 있는 여인은 산골짜기 쪽으로 안내했다. 저기 뭐가 있을까 싶었다. 저 높은 곳에 농사짓는 천수답이 존재할까 생각하는 사이에 차는 가파른 오르막으로 거북이걸음을 뗐다. 좀 더 오르자 몸이 뒤로 쏠리면서 짐칸에 실렸던 거름도 뒤로 넘어갈 태세였다.

산 끄트머리에 도착할 무렵이었다. 짐 무게로 인해 뒤로 밀리면서 브레이크를 밟아도 차는 멈추지 않았다. 핸들을 돌리자 뒷바퀴가 세 아름 되는 큰 상수리나무에 걸리면서 트럭은 멈추었다. 하늘을 올려다보니 아득했고, 아래로 내려다보니 내리막 길 낭떠러지에 오금이 저렸다. 차가 떨어질까 봐 한 발자국도 움직일 수 없었다. 겨우 차를 멈추고 사이드브레이크를 당긴 다음 밖으로 나와서 견인차를 부르기 위해 휴대폰을 눌렀지만 통화권 이탈 지역이라는 소리만 들렸다.

남편한테 똥거름 배달하는 일은 그만두자고 했다. 거름 배달이 너무 힘들어서 식구가 모두 몸이 다 망가지겠다고 했다. 이제는 이 일을 그만해도 먹고 살 수 있지 않느냐며 울먹였다. 나의 투덜거림을 듣고는 남편이 입을 열었다. 일을 하다 보면 힘든 일, 어려운 일, 포기하고 싶은 일이 생기기 마련이라고 했다. 쉽고 편한 일이었으면 우리에게 돌아왔겠나, 우리가 일이 없을 때 똥거름을 배달할 수 있어서 행운이라고 여기지 않았나, 그동안 일하는 기계처럼 살았지만 별 탈 없이 잘 살았으니 감사해야 할 일이라고 했다.

수십 년 동안 똥거름을 배달한 게 아니라 보물을 배달했다고 말하는 남편의 어깨가 그날따라 듬직해 보였다. 고된 일과에 시달리면서도 힘들다는 푸념조차 내뱉지 않았던 그였다. 나는 늘 힘들다고 종종걸음을 쳤지만 어깨에 가족이라는 짐을 지고 싫은 내색 한 번 없었고, 얼굴 붉힌 적 없었던 남편은 많은 일을 끌어안고 살면서 당연히 해야 하는 임무라고 여겼다.

남편과 나는 3톤이나 되는 퇴비를 밭고랑마다 한 포씩 내려놓고 견인차를 기다렸다. 세상이 어둠 속에 쌓여 갔다. 하늘을 올려다보니 골짜기의 별빛이 눈부셨다. 늦은 밤 저 멀리서 기다리던 견인차의 엔진 소리가 힘차게 들려왔다.

특별한 휴가

무덥다. 강렬한 태양은 무쇠도 녹일 것처럼 뜨겁다. 한낮 더위에 숨이 턱턱 막힌다. 바람 한 점 없으니 한증막이 따로 없다. 이런 날씨가 계속 이어지니 농사를 짓는 나는 쓰러지기 직전이다. 주변 사람들은 날씨가 너무 덥다고 잠시라도 휴가를 떠나겠다고 난리법석이다.

나도 휴가를 떠나고 싶다. 어디론가 하루 이틀쯤 다녀오면 무더위를 거뜬하게 이길 수 있을 것 같다. 하지만 꿈같은 얘기다. 복숭아 농사만 짓다가 몇 년 전부터 포도농사까지 짓고부터는 무더운 여름에 한 번도 휴가를 떠나 본 적이 없다. 휴가는커녕 잠시 쉴 틈도 허락되지 않는다.

나는 복숭아와 포도농사를 짓고 있다. 지금은 복숭아 수확철이다. 더위가 한창인 휴가철이면 어둠이 사라지기 전부터 복숭아를 딴다. 수확한 복숭아는 해외로 수출하고, 공판장으로 보내고, 주문받은 곳으로 발송한다.

이 작업은 아침부터 저녁까지 이어진다. 이 일을 십 년째 이어오고 있다. 복숭아는 하루만 미뤄도 물러져서 상품으로서의 가치가 없고, 너무 일찍 따면 제대로 된 복숭아 맛을 느낄 수가 없다. 복숭아 수확은 때를 잘 맞춰야 한다.

오늘도 무더위가 한창인 이른 새벽에 복숭아를 수확했다. 오전에 선별 작업을 해서 수출을 보내고, 택배 작업을 하고 나니 몇 시간의 여유가 생겼다. 마음 같아선 어디론가 여행을 하고 싶다. 하지만 내일 새벽에는 더 많은 복숭아를 수확해야 하니 먼 곳으로는 떠날 수가 없다.

나는 여행을 좋아한다. 세상 구석구석으로 많이 다녔다. 명품 가방 하나 없고, 유행하는 옷 한 벌 없지만 하나도 부럽지 않았다. 그건 여행 다니면서 행복을 누렸기 때문이었다. 가깝게는 일본과 동남아에서부터 저 멀리 서유럽과 동유럽, 터키, 멕시코를 거쳐 페루의 남미까지 다녔다. 2박 3일 짧게 갔다 온 적도 있지만 한 달 이상을 머물면서 타지의 생활을 즐긴 적도 있다. 그렇게 다니던 내가 복숭아에 포도농사까지 짓고부터는 휴가를 반납한 거나 마찬가지다.

가까이에 있는 청도 운문사 계곡으로 달려갔다. 많은 사람들이 물놀이를 하고 있었다. 아이들과 어른들이 물놀이에 신이 나서 더위는 애당초 없는 듯했다. 나무 그늘 아래 앉아서 물에 발을 담갔다. 시원했다. 아니 시원하다 못해 시렸다. 흘러가는 물을 하염없이 바라보았다. 아무 생각도 하지 않고 물 흘러가는 모습만 바라보았다. 멍한 상태였다.

몸이 더워지면 또다시 물에 발을 담그고 떠다니는 구름을 올려다봤다. 그것도 지겨워지면 물속을 들여다보았다. 여름 내내 뜨겁게 달궈진 몸과 마음이 한순간에 식어 내렸다.

몇 시간을 그렇게 보냈다. 휴가를 즐기러 온 사람을 보는 것만으로도, 물에 발을 담그고 있는 자체만으로도, 잠시 새우잠을 자는 것만으로도 무더위는 날아갔고, 마음은 편안했다. 비록 먼 곳으로는 떠날 수 없지만 잠시 잠깐 이렇게라도 보내고 나니 타임머신을 타고 먼 곳으로 여행을 다녀온 느낌이다.

쉴 수 있는 여유는 마음먹기에 달렸다. 먼 곳으로 떠나지 않아도 몇 시간이면 특별한 휴가를 보낼 수 있는데, 나는 늘 허덕이면서 사는 것 같다. 산그림자가 내 발등까지 내려온다. 몇 시간의 짧은 휴식이지만 특별한 휴가를 보내고 나니 더위는 저만치 물러나는 것만 같다.

찬란한 해넘이를 위하여

　우리 부부는 삼십 년 전에 결혼했다. 같은 해에 결혼식을 올렸던 친구는 곧바로 브라질로 이민을 떠났다. 얼마 전에 그들과 연락이 닿아 남미의 페루 여행을 같이 하기로 했다. 그곳으로 떠나기 전날, 급한 일이 생겨서 올 수 없다는 친구의 연락을 받았다. 패키지가 아닌 자유여행이 아닌가! 머나먼 타지에서 길잡이가 될 그들의 갑작스러운 취소로 인해 당황스러움을 넘어 두렵기까지 했다. 그러나 어떻게 되겠지 하는 심정으로 인천에서 비행기에 올랐고, 멕시코를 거쳐 이틀만에 페루에 닿았다.
　공항에서 기다리고 있던 택시는 우리를 태우고 어디론가 달렸다. 기사는 지도를 보여주며 와카치나 사막으로 간다고 했다. 고속도로 양옆으로는 사막이 끝없이 펼쳐졌다. 사막은 페루에서 가장 가난한 사람들이 사는 곳이었다. 물 한 방울 나오지 않는 달궈진 모래 언덕은 보는 것 자체만으로도 팍팍했다.

여행은 고생과 배고픔의 연속이었다. 페루에 도착하자마자 허기가 느껴졌다. 빵 한 조각 살 만한 마트도, 밥 한 끼 먹을 만한 식당도 눈에 띄지 않았다. 그 와중에 말도 통하지 않았고, 지도를 보며 여행지를 찾다 보니 배낭여행의 어려움이 폐부 깊숙이 와 닿았다.

결혼 초, 우리의 삶도 팍팍했다. 얇은 월급봉투로 집 한 칸 장만하기 위해서 모든 것을 아껴야 했다. 장 보러 갔다가 빵 한 조각 덥석 바구니에 담지 못했고, 마음 놓고 외식 한 번 하기도 힘들었다.

결혼식을 준비할 때였다. 나는 혼수품이니 예물 같은 것들은 다 생략해도 좋은데 신혼여행만큼은 제주도로 가자고 졸랐다. 돈이 없었던 그는 머뭇거렸다. 하지만 나를 실망시키고 싶지 않았기에 나 몰래 돈을 빌려서 제주도의 여행을 성사시켰다. 그 경비는 몇 달 동안 월급을 쪼개가면서 갚아야 했다. 그런 사실을 몰랐던 나는 돌아오는 공항에서 결혼 30주년엔 남미 여행을 하고 싶다며 지나가는 말로 던졌는데 그 소원이 이루어질 줄 꿈에도 생각하지 못했다. 몸은 힘들어도 마음만은 세상 모두를 다 얻은 기분이었다.

오후의 햇살이 내 등줄기에서 서성거릴 때쯤 와카치나 사막에 도착했다. 파란 하늘 아래 가장 높게 보이는 모래언덕의 능선이 보였다. 언덕에 오르자 신비로운 모래 바다가 드넓게 펼쳐졌다. 양팔을 벌리자 바람이 불어와 몸의 열기를 훔쳐 갔다. 사막 한가운데는 마르지 않는 오아시스도 있었다. 호수 위로 잎이 풍성한 야자수들과 작은 배가 유유자적 떠다녔다.

사람들이 바다 사막을 즐기고 있었다. 어릴 때처럼 비닐 포대기를 배에 깔고 모래사막을 타고 미끄러져 갔다. 남편도 포대기에 몸을 맡긴 채 저 아래 블랙홀로 까마득하게 멀어져 갔다. 블랙홀에 도착한 그가 한 알의 점처럼 보였다. 간간이 불어오는 바람 속에서 손짓하는 그의 모습은 모래 알갱이가 데굴데굴 구르는 것 같았다.

그는 올해 환갑이 되었다. 숲을 이루었던 머리카락은 듬성듬성 다 빠져나갔고, 흘러내린 은빛 곱슬머리 몇 가닥이 봄 응달의 잔설처럼 남았다. 마음은 청춘인지 젊은 사람도 두렵다는 모래언덕을 아무렇지도 않게 타고 내려가다니 아직도 청춘이구나 싶었다. 뭐든지 거리낌 없이 도전하고 일궈내는 그가 믿음직스러워 보였다.

이제껏 좋아하는 취미 하나 없이 일만 하고 살았던 그였다. 친환경농자재 영업과 판매를 하느라 장돌뱅이처럼 세상을 떠돌다가 들어오곤 했다. 전국을 헤매다가 집에 들어오면 녹초가 되기 일쑤였다. 여행을 좋아했지만 돈도 시간도 허락되지 않았다. 그런 그가 나와의 약속을 지키기 위해서 삼십 년 동안 조금씩 몰래 적금을 부었다고 했다. 너무나 뜻밖이었다. 어렵던 시절에도 해약하지 않았던 적금이었다.

 창문 없이 뻥 뚫린 버기카에 올라탔다. 버기카는 폭탄이 터지는 소리를 내며 높은 언덕에 단숨에 올랐다. 쭈욱 언덕에 오르다가 경사진 낭떠러지로 떨어지는가 싶더니 다시 하늘을 향해 우뚝 솟았다. 마치 롤러코스를 타는 것처럼 아슬아슬하게 움직였다. 그때마다 떨어질까 봐 조바심이 났다.

 결혼 삼십 주년을 돌이켜보니 내 삶도 그랬던 것 같다. 삶이 버거워 폭탄 터지는 소리가 났고, 잔잔한 파도가 이어지던 때도 있었다. 어떤 해는 한없이 낭떠러지로 떨어져서 막장에 닿는가 싶다가도 수면 위로 천천히 해가 뜨는 날도 있었다. 삶은 수시로 낭떠러지로 떨어졌다가 하늘 높이 치솟았다.

 어느 해, 삶이 힘겨워 무작정 서해를 찾은 적이 있었다. 안면도 꽃지해수욕장이었다. 할미바위와 할배바위가 물속에 잠기고 있었으며, 하늘과 바다는 온통 붉은빛과 황금빛으로 물들어갔다. 해가 솟아오르는 광활한 모습은 자주 보았지만 해가 넘어갈 때의 찬란한 분위기는 그때가 처음이었다. 해넘이도 해돋이 못지않게 아름답게 펼쳐질 수 있음에 감동했고, 다시 힘을 얻어서 살아보자고 새롭게 출발했던 날로 기억된다.

버기카는 우리를 태우고 다시 어딘가로 달렸다. 해넘이가 잘 보이는 곳을 찾아가는 중이었다. 붉게 물든 사막에 앉아 언덕으로 해가 넘어가는 모습을 보았다. 해는 끝없이 펼쳐진 모래 계곡을 넘고 또 넘었다. 사구의 능선들을 온통 주황빛으로 붉게 물들이며 서녘으로 해는 천천히 넘어갔다. 꽃지해수욕장에서 봤던 하늘과는 사뭇 다른 풍경이지만 그때의 마음으로 남은 인생을 재설계했다.

삶이라는 길을 여행하다 보면 뜻밖의 상황을 맞이하기 일쑤다. 하지만 우리를 안내할 길잡이가 없어도 우리의 인생은 넘실넘실 잘도 세상을 물들이며 기울어간다. 그때마다 순간순간을 만끽하며 살아갈 것이다. 찬란한 인생의 해넘이를 위해서.

출근하는 버스 안에서

 정류장에 도착과 동시에 990번 버스는 떠나고 말았다. 바로 눈앞에서 차를 놓친 것이다. 발을 동동 구르는데 같은 번호의 버스가 보여서 얼른 차에 올랐다. 출근하는 직장인과 대학생들이 시끌벅적했다. 차창 밖을 내다보았다. 차는 내가 평소에 운전하면서 다니던 길과 다른 방향으로 달렸다. 신경이 쓰였다. 목적지 근처까지 간다고 써 붙여 놓았으니 가겠거니 했다.
 정류장에 도착할 때마다 내리는 사람은 없고, 등교하는 학생들이 연이어 버스에 몸을 실었다. 발 디딜 틈 없는 학생들 숲에 끼어서 창밖을 내다보았다. 세상이 온통 연푸른 빛깔로 물들고 있었다. 운전하고 다닐 때는 보이지 않던 풍경이 눈앞으로 획획

왔다가 사라졌다.

대학교 앞에 도착하니 학생들이 버스에서 우르르 밀려나갔다. 그들이 내리자 차 안은 텅 빈 절간 같았다. 그 틈을 이용하여 운전기사한테 말을 걸었다. 지금 가는 길의 위치가 어딘지 잘 모르니 방송을 해주면 고맙겠다고 했다.

백미러로 나를 슬쩍 보던 기사가 한마디 던졌다.

"어디까지 갑니까?"

나는 한의대를 지나서 몇 정거장 더 가면 된다고 했다. 내 말이 끝나기도 전에 기사는 왜 이 버스를 탔냐며 990번을 탔으면 벌써 도착지에 닿았을 거라고 했다. 그때 문앞에 쓰인 숫자를 보았다. 99번이었다. 숫자를 옳게 보지 않고 버스에 올랐던 것이다.

기사는 바쁜 등교 시간에 내가 이 차를 타서 학생을 더 태우지 못했다며 퉁퉁거렸다. 농담으로 그러는지 알고 그냥 미소만 지었는데 아침 시간에 할 일 없는 아줌마인 내가 타서 복잡하다는 투로 한마디 더 던졌다.

나는 순간 헛웃음이 나왔다. 모르는 소리다. 나도 직장인이다. 990번으로 잘못 알고 탔지만 나도 당당히 버스를 탈 수 있는 시민이 아닌가! 아침 일찍 거래처에서 25톤 트럭이 퇴비를 한 차 싣고 와서 작업을 해야 했다. 전날 키를 주머니에 넣고 퇴근하는 바람에 일터에 빨리 도착해 짐을 내려야 했다.

중고등학교 시절, 6년 동안 버스 통학을 했었다. 버스는 십 분에 한 대씩 왔지만 학생들이 너무 많아서 몇 대를 놓치고야 탈 수 있었다. 그것도 뒤에서 밀어주고 먼저 탄 친구들이 당겨주어서 발 한쪽만이라도 차 문에 매달리면 지각은 면할 수 있었다.
"학생, 뒤로 조금만 들어가라. 아저씨 조금만 양보합시다."
기사는 뒤를 돌아보며 고함을 질러댔다. 가만히 서 있던 사람들이 기사의 한마디에 몸을 조금씩 움직였다. 그 덕분에 몇 명의 학생들이 차에 더 오를 수 있었다.
오늘 기사는 운전석에 앉아서 한마디도 하지 않았다. 버스 중간이 텅 비었는데도 한 걸음씩 안으로 들어가라는 말도 하지 않았다. 학생들이 천천히 타면 타는 대로 기다려 주었고, 꽉 찼다 싶으면 다음 차를 타라고 손사래를 쳤다. 그런 그가 내가 탔다고 학생들을 많이 태울 수 없다고 하소연을 하다니, 그냥 씨익 웃고 말았다.
한참 자리에 앉아있으니 눈에 익은 건물이 보였다. 내리는 문 쪽으로 몸을 움직였다. 운전석 앞 백미러로 기사 얼굴을 쳐다봤다. 선글라스를 끼어서 확실한 나이는 알 수 없었지만 사십 대 중반으로 보였다. 같은 세대가 아니라서 그런지 그가 콩나물시루 같은 구세대의 버스 통학하던 시절을 잘 모를 수도 있다는 생각이 들었다.
기사는 흐트러진 내 머리카락과 옷매무새에 집안에서 살림만 하는 아줌마인지 착각했나 보다. 그러고 보니 빨리 나오느라 세

수도 하지 않은 푸석푸석한 얼굴이었다.

  버스를 타고 출근을 하면서 정신없이 살았던 젊은 날이 한순간에 떠올랐다가 사라졌다. 육십 고개를 코앞에 둔 초로의 모습을 발견하는 순간이다. 내 나이 벌써 환갑 줄에 접어든다니 슬픔이 밀려왔다.

  저 멀리 일터가 보인다. 자리에 앉아 있던 나는 벨을 눌렀다. 트럭이 도착해서 기다리고 있다. 버스에서 내려 횡단보도를 건넌다. 일터가 있어서 감사한 아침 출근길이다.

목도리

　어느새 겨울자락이 일터의 유리창 안까지 들어섰다. 찬바람이 뼛속까지 스며든다. 나뭇가지마다 바람이 지나가는 소리가 들린다. 남편이 태평양 건너 일주일간 출장을 갔고, 아이들은 학교에서 늦은 시간이 되어야 집으로 돌아오니 몸보다 마음이 더 춥게 느껴진다.

　오늘은 일터 근처에 오일장이 열리는 날이다. 퇴근을 하고 어디를 갈까 망설이다가 장터로 발길을 돌렸다. 장터가 보이기 시작하자 왁자지껄 떠드는 소리들이 먼저 들려왔다. 활기차다. 종일 축 처져있던 마음이 생기 있게 움직이는 시장 사람들의 모습에 덩달아 활력이 생겼다.

"맛있는 귤 사이소."

새콤달콤한 귤을 사가라는 소리가 들렸다. 내 앞에 있는 여자는 귤 한 상자를 먹고 나면 내년 봄까지 거뜬하게 이길 수 있단다. 걸렸던 감기도 달아난다며 너스레를 떨었다. 입담이 좋아서인지 지나가던 사람들이 사 갔다. 얼떨결에 나도 귤 한 상자를 샀다. 간고등어도 두어 손 들었다.

집으로 오던 길에 갑자기 어머님 생각이 떠올랐다. 늘 그렇다. 어머님은 언제나 마지막이다. 남편과 아이들 다음으로 생각나는 것을 보면 나도 어쩔 수 없는 며느리인가 보다.

어머님이 떠올라 차를 돌려 시골로 향했다. 벚나무 가로수들이 앙상한 가지만을 남긴 채 스산하게 흔들렸다. 어둑해진 길을 따라 달렸다. 벚나무 길을 굽이굽이 돌았다. 운문댐이 나타났다.

내가 시집오던 해 어머님은 환갑이었다. 앞가르마를 단정하게 빗어서 비녀를 꽂고 계셨다. 젊은 친정어머니에 비해 상대적으로 할머니에 가까웠다. 그래서인지 내 입에서는 '어머님'이라는 말이 쉽게 나오지 않았다. 입안에서만 맴돌 뿐 입 밖으로 새어 나오지 못하고 우물쭈물했다.

'어머님' 하고 불렀던 것은 그 후로 한참이 지나서였다. 뒤늦게 호칭을 불렀던 죄스러움 때문에 더욱더 어머님에게 어리광이 많았을지도 모르겠다.

시집오기 전까지 밥 한 번 지어 보지 않았다. 친정엄마가 스무 살 갓 넘어서 나를 낳았으니 젊은 엄마 덕분에 찬물에 손 한 번 넣지 않았다. 아무것도 할 줄 몰랐고, 음식을 맛깔스럽게 만들 줄도 몰랐다. 그러다보니 요리하는 것을 어머님에게 배웠다. 된장찌개와 밑반찬 만드는 것과 국을 끓이는 방법도 어머님의 어깨너머로 배운 솜씨였다.

내 어리광은 어머님이 어쩌다가 우리 집에 오셔도 쉽게 하지 못했다. 어머님이 만들어 주시는 김치가 제일 맛있다고 하면 자리에서 바로 일어나셨다. 장바구니를 들고 시장에 가서 배추를 사고 절여서 김치를 담가주셨다. 내가 지나가는 말로 한마디만 던져도 어머님의 손은 마술사가 되었다. 찌개를 끓여주셨고, 손수 다듬어 씻고 끓이고 볶아서 어떤 요리든지 척척 만들어 내셨다. 어쩌면 그건 나의 영악한 의도였을지도 모른다. 존재를 인정받고 싶어서 어머님에게 더 가까이 가려는 본능적인 행동이었다.

어느새 운문댐의 상류 마을에 도착했다. 저 멀리에서 어머님의 모습이 보였다. 미리 들르겠다고 전화를 드렸더니 미숙한 운전이 걱정되었던지 마을 입구에서 기다리고 계셨다.

차에 실린 귤 한 상자와 고등어를 어머님에게 건넸다. 회관에서 동네 어른들과 같이 드시라고 했다. 잠깐 다녀가는 나를 어머님은 길게 따라오셨다. 골목 끝까지 따라 나오신 어머님이 추워 보였다. 드러난 목이 허전하게 보였다. 내가 하고 있던 목도리를 풀어서 어머님 목에 둘둘 감아 드렸다.

"추운데 너나 따뜻하게 하고 다녀라."

어머님이 목도리를 풀려고 해서 다시 둘러 드렸다. 나의 체온이 전달된 느낌이었다.

목도리는 지난해 겨울 지인에게서 받은 선물이었다. 추위를 타는 나를 위해서 손수 뜨개질을 한 것이었다. 예쁘다며 사람들이 번갈아서 탐을 냈지만 그때마다 거절했다. 목도리의 주인공은 따로 있었다. 어머님이었다.

남편과 아이들이 내 품에서 잠시 벗어났는데도 보고 싶은데 어머님은 얼마나 많은 세월을 그리움으로 사셨을까. 아버님께서 세상을 일찍 떠나시고 자식들은 모두 분가를 했다. 홀로 계신 어머님은 얼마나 적적하고 외로웠을까. 오직 자식만을 위해서 한 평생 사셨던 분이다. 그런 어머님의 마음을 깊이 헤아리지 못하니 나는 철없는 며느리다.

남편이 출장 갔다가 돌아오면 또 들르겠다고 인사하고 천천히 차를 몰았다. 백미러 속에 비친 모습이 점점 멀어져 갔다. 차가 모퉁이를 돌 때까지 어머님은 그대로 서 계셨다.

처음 남편을 따라 이곳에 왔을 때의 겨울이 생각났다. 유난히 추웠던 그해 겨울, 어머님은 내가 추워 보였던지 당신 목에 하고 있던 목도리를 나에게 감아 주셨다. 아직도 그 목도리를 가지고 있다는 것을 어머님은 아실까. 어머님의 사랑을 느끼게 했던 그 목도리처럼 내 목도리도 어머님을 따뜻하게 품었으면 좋겠다.

뜻밖의 만남

 인연은 묘하다. 만나고 싶어도 만나지 못하는가 하면 생각지도 않았는데 느닷없이 이어지는 경우도 있다. 나 역시 그런 인연의 아이러니로 당혹감을 느끼는 경우가 종종 있다.

 오래 전 그날은 소낙비가 세차게 내렸으며, 바람마저 심하게 불었다. 집에서 나설 때는 한 방울의 비도 떨어지지 않더니 버스에서 내리자마자 눈도 뜰 수 없을 만큼 세차게 퍼부어댔다. 버스 정류장에서 학교까지는 이십 분을 걸어서 언덕으로 올라가야 했다.

 비바람을 온몸으로 흠뻑 맞은 나는 꼭 생쥐 꼴이었다. 교문을 들어서자 친구들이 하나 둘 보이기 시작했다. 교문을 통과한 학생들이 실내화를 갈아 신고 천천히 복도를 걷고 있을 때였다.
"야! 너희들 거기에 서!"
선생님께서 우리들을 불러 세웠다. 학교에 들어오면 실내화를 갈아 신어야 하는데 네다섯 명의 아이들이 선생님의 말을 듣지 않고 쏜살같이 사라졌다. 자신의 명령에도 말을 듣지 않고 달아났으니 선생님은 화가 머리끝까지 치밀었다.
선생님은 또 다시 외쳤다.
"야!' 너 거기에 서!"
실내화를 갈아 신고 복도를 걷다가 무심코 고개를 돌렸다. 뒤를 돌아보는 순간 번쩍하는 빛이 보이면서 뭔가 얼굴을 훑고 지나갔다. 나는 얼떨결에 선생님의 손바닥에 밀려서 복도에서 바깥으로 내동댕이쳐졌다. 순간 정신을 잃었다. 정신을 차리고 일어나려 하자 구둣발로 나를 내리갈겼다.
빗물인지 콧물인지 얼굴을 타고 뭔가 흘러내렸다. 손으로 닦았더니 코피가 줄줄 흘렀다. 붉은 피와 빗물로 얼룩진 내 얼굴은 아수라장이 되었다. 피투성이가 된 내 얼굴을 본 선생님은 그제야 멈추었다. 나는 등교하던 친구들의 부축을 받고 교실로 향했다.
책상에 엎드려서 펑펑 울었다. 종일토록 울었다. 너무 억울해서 울었고, 왜 맞았는지 이유를 몰라서 울었다. 수업하러 들어오는 선생님들조차도 아침에 어떤 일이 있었는지 궁금해 하셨다.

나는 대답할 기력조차 없었다. 어디서부터 어디까지 설명을 해야 하는지 말문이 막혔다. 가슴이 펄떡거리며 방망이질해댔다. 말은 하고 싶은데 말이 바깥으로 새어 나오지 못하고 입속에서만 뱅뱅 돌았다.

그날은 마지막 수업 시간에 영문 타자 시험이 있었다. 종일 우느라 퉁퉁 부었던 눈에 글자가 들어오지 않았다. 아니, 아무것도 보이지 않았다. 머릿속은 텅 비었고, 가슴을 후려치는 쓰라림만 느낄 뿐이어서 빈 용지만 내고 돌아섰다. 다음날 타자를 가르치는 K 선생님이 나를 부르셨다. 시험 친 것을 보여주시더니 영점 처리되었다고 하셔서 다시 시험을 보게 되었다.

선생님은 그날 있었던 일을 친구로부터 들었다고 하셨다. 수업 시간뿐만 아니라 평소에도 나의 행동을 지켜봐 주셨고, 늘 관심을 주셨던 선생님이었다. 그 일로 여고를 졸업하고서도 나는 몇 년 동안 선생님께 고마움의 편지를 썼다.

첫 번째 수필집을 내고 아는 분들에게 책을 보내드렸다. 그때 다정하게 보살펴 주셨던 K 선생님이 생각났다. 연락할 방법이 없었다. 자주 연락하던 여고 동창과 대화 중에 선생님의 연락처를 얻게 되었다. 그때 우리가 다녔던 여학교의 이웃 학교에 교장 선생님으로 계신다고 했다. 너무나 반가워서 간단한 메모를 쓰고 책을 보내 드렸다.

일주일 후 선생님으로부터 전화가 왔다. 어느 학교에 근무하는 누구라고 먼저 인사 말씀을 건네셨다. 나는 너무나 반가워 선생님께 그 옛날 예뻐해 주셔서 감사하다고 말씀드렸다. 그동안 연락처가 끊겨서 안부 인사도 못 드렸다는 변명도 했다. 찾아뵙지 못해서 죄송하다는 말씀도 드렸다. 이런저런 얘기를 나누다가 전화를 끊었다.

저녁 준비를 하면서 뭔가 이상하다는 생각이 들었다. 내가 아는 선생님이 아니라는 느낌이 들었다. 타자 시험을 다시 친 얘기며, 몇 년 동안 편지를 주고받았다는 말씀까지 드렸는데 선생님은 기억조차 하지 못하셨고, 생소하게 받아들이셨다. 전화를 끊고 졸업앨범을 넘겼다.

두꺼운 앨범 속에는 앳된 여고생들의 미소가 번져났다. 선생님을 찾았다. 선생님의 모습이 보이지 않았다. 다시 맨 뒷장부터 선생님들의 얼굴을 짚어가며 관찰했다. 드디어 온화하게 웃는 모습의 사진이 보였다.

학교 홈페이지에 들어가서 교장선생님의 얼굴을 확인했다. 아뿔싸! 통화했던 분은 K 선생님이 아니라 내가 너무나 미워했던 J 선생님이셨다. 소식을 전해준 친구가 잘못 알았던 것이다.

오랫동안 미워했던 선생님과 이렇게 연결이 되다니, 양귀가 쭈뼛 서는 것 같았다. 가슴도 콩닥거렸다. 눈물이 났다. 수 십 년 전 그날의 눈물은 어른이 된 이후에도 사라지지 않았다. 비만 내리면 눈가에 이슬방울이 염치도 없이 흘러내렸다. 그 일로 이유

없이 비 오는 날이 싫었다.

 얼마 전에 J 선생님으로부터 전화가 왔다. 책을 다 읽고 축하 메시지를 전하기 위해서 연락을 하셨다. 열기와 패기로 넘쳤던 그때의 목소리가 아니었다. 쩌렁쩌렁하게 울리던 목소리는 들을 수 없었고, 인자하고 넉넉한 품새의 목소리로 들렸다.

 장맛비 내리던 그날의 억울했던 이야기를 몇 번이고 꺼내려다가 입을 닫았다. 어쩌면 사람 사는 일이란 스스로의 뜻과 무관하게 반전이 있는 모양이다. 내 의지와 상관없이 만나고 싶지 않은 사람과 만나게 되는 것을 보면.

제2부

별이 빛나는 밤

나는 지금 메밀꽃 축제가 한창인 봉평에서 하늘 높이 떠 있는 은하수를 바라보고 있다. 마음 설레게 하던 밤하늘의 별빛과 은하수를 이곳에서 다시 만난 듯 행복했다. 우주에 떠 있는 별이 빛나던 은하수는 봉평의 하늘에서도 함초롬하게 빛나고 있었다.

- 별이 빛나는 밤
- 약골 길들이기
- 초년생의 봄날
- 안갯속
- 시루떡
- 편지 친구 1
- 편지 친구 2
- 고양이 몸보신
- 잔도에서 만난 남자

별이 빛나는 밤

　버스를 타고 몇 시간 걸려서 강원도 봉평에 도착했다. 일을 마치고 출발한 터라 캄캄한 한밤중이었다. 지금 봉평은 메밀꽃 축제가 한창이다. 늦은 밤이어서 그런지 잠이 오지 않았다. 침대에 누웠지만 머릿속은 하얗게 텅 비었다.
　문을 열고 베란다로 나왔다. 아무것도 보이지 않았다. 불빛 하나 보이지 않는 이곳은 시골 어느 들판 한가운데 있는 허름한 주택을 개조해서 만든 숙소였다. 어둠이 세상을 삼킨 듯 암흑이었다. 고개를 들고 하늘을 올려다봤다. 은하수가 눈부셨다. 흩뿌려 놓은 메밀꽃 같았다. 은하수에 둘러싸인 별빛은 머리 위 눈앞에서 마구마구 쏟아졌다. 잠자는 숲속 미녀의 움직임 같기도 하고,

호두까기 인형처럼 발레를 하는 모습이기도 했다. 그 모습은 어린 시절 바라보았던 밤하늘의 별빛이었다.

경상북도와 강원도의 경계지점에 골 깊은 계곡이 있었다. 하늘 아래 첫 동네인 백천동이었다. 비취색 냇물에서 황갈색 열목어가 노닐었고, 잣나무 향이 은은하게 번졌던 곳이었다. 거기서 외할아버지와 할머니가 터전을 이루었으며, 어머니가 태어났다. 자식들이 일찌감치 도시로 떠난 후에도 두 분은 여전히 그곳을 지키고 계셨다.

초등학교 때, 여름방학이 되면 늘 외갓집에 갔다. 무더위가 한창인 여름밤, 모깃불을 피워놓고 멍석을 깔고 저녁밥을 먹었다. 반딧불이가 날아다녔고, 밤늦게까지 매미가 노래를 불렀다. 할아버지는 할머니가 밥상 앞에 앉을 때까지 수저를 들지 않고 기다리셨다. "임자 얼른 들어오게." 할머니가 밥상 앞에 앉으면 그제야 우리의 저녁 식사가 시작되었다.

반찬이라고는 김치와 된장찌개, 호박잎 찐 게 전부였지만 할아버지의 자상함 때문에 행복한 밥상이었다. 할아버지는 가끔 지게를 메고 이십 리 되는 오일장에 가서서 장을 봐 오셨다. 그 속에는 일주일 먹을 반찬이며, 우리가 먹을 간식도 함께 들어 있었다.

저녁밥상을 물리고 나면 멍석을 깐 마당 한복판에 누워서 밤하늘을 올려다봤다. 할아버지는 밤하늘의 별들에 관한 이야기를 자주 들려주셨다. 동화책에서 본 견우와 직녀, 왕자와 거지, 성냥팔이 소녀가 단골손님이었다. 계절이 바뀔 때면 별자리에 관한 이야기도 달랐다. 봄에는 전갈자리와 사자자리, 여름엔 거문고자리와 견우와 직녀가 보였으며, 가을엔 물고기자리와 고래자리가, 겨울엔 쌍둥이와 오리온자리가 하늘에서 빛나고 있었다. 할아버지가 들려주는 이야기는 듣고 또 들어도 재미있었다. 나는 이야기를 듣다가 잠이 들곤 했다.

  그곳의 별빛은 장관이었다. 어떤 때는 한 가지 색으로 보일 때도 있었고, 어떤 날엔 투명하게 비추기도 하였다. 은하수에 가린 별빛은 흐릿한 그리움을 자아내기도 하고, 계절마다 다른 빛깔로 보이기도 했다. 자연의 이치에 별들도 알아서 변화되어 갔다. 도시로 나온 후로는 별빛을 바라볼 여유도, 별을 헤아리는 것조차도 잊어버리고 살았다. 세월의 흐름과 함께 고개 들고 하늘을 올려다볼 생각은 하지 않고 앞만 보고 달려왔다.

  어느 해 여름휴가였다. 무더위가 기승을 부릴 때였다. 할아버지댁으로 무작정 차를 몰았다. 두 분은 이미 세상을 떠난 지 오래인지라 빈 집만이 반겨주었다. 마당에는 풀이 내 키만큼 자랐고, 가로등 없는 시골은 어둠이 빨리 몰려왔다. 저 멀리 개 짖는 소리만 들렸고, 사람들의 흔적은 보이지 않았다. 몇 시간을 달려왔지만 두 분이 없는 빈 집은 허전함만 가득했다.

  차 안에서 깜박 잠이 들었다. 한참 꿈속을 헤매다 눈을 떴다.

산속은 짙은 어둠이 깔려 있었다. 더 이상 잠이 오지 않았다. 라디오를 켰다. 도시에서는 열대야로 잠 못 이룬다고 야단법석인데 그곳은 추워서 잠들기가 힘들 정도였다. 그래서인지 따뜻했던 두 분이 사무치도록 그리워졌다.

자정이 넘어서 차 안에 있던 나는 밖으로 나왔다. 하늘을 올려다보았다. 감탄사가 울려 퍼졌다. 그동안 잃었던 무언가를 찾은 느낌이 왔다. 어린 시절 할아버지가 들려주시던 동화 속 이야기며, 세월의 나이테 속에서 잊고 있던 은하수를 찾았다. 화려한 무늬를 뽐내며 밤하늘을 수놓고 있는 별빛과 은하수가 내 가슴에 펌프질을 해댔다.

하늘의 별빛과 은하수를 보자 할아버지와 할머니가 떠올랐고, 안데르센의 성냥팔이 소녀도 생각났다. 동화 속 성냥팔이 소녀는 지금쯤 엄마를 찾았을까. 드넓은 우주의 어느 별자리에서 삶의 터전을 마련했을까. 소녀는 엄마와 칠면조 요리를 먹으며 행복하게 살고 있을까. 동화를 들려주시던 할아버지와 할머니는 어느 별이 되어 있을까.

그 후 오랜 세월이 흘렀다. 하늘을 올려다볼 일이 그리 많지 않았다. 도시에서는 가끔 하늘을 올려다봐도 아무것도 보이지 않았다. 별을 잃어버린 동안 삶은 그만큼 팍팍하고 온기를 잃어 왔다.

나는 지금 메밀꽃 축제가 한창인 봉평에서 하늘 높이 떠 있는 은하수를 바라보고 있다. 은하수의 별빛 속에서 수십 년 전에 돌아가신 할아버지와 할머니가 그리웠고, 동화 속 인물들까지 떠올랐다. 마음 설레게 하던 밤하늘의 별빛과 은하수를 이곳에서 다시 만난 듯 행복했다. 우주에 떠 있는 별이 빛나던 은하수는 봉평의 하늘에서 함초롬하게 빛나고 있었다.

약골 길들이기

　나는 시집오기 전까지 부엌에서 설거지 한번 하지 않고 살았다. 엄마와 한 살 아래 여동생이 손이 빨라 집안일을 도맡았고, 텃밭까지 일구었다. 여동생은 어린 동생들을 돌보고 반찬까지 잘 만든 탓에 살림에서 내가 설자리는 없었다.
　결혼을 하고 낯선 환경에 적응하는 것이 어려웠다. 집안에서 아이들과 남편 뒷바라지만 하는데 피곤하다는 말을 입에 달고 살았다. 죽 한 그릇도 못 먹은 사람처럼 비실거리기 일쑤였다. 모든 일에 의욕도 없었다. 남편은 늘 불만이었다. 부스스하고 핏기 없는 얼굴을 싫어했다. 출근 할 때나 퇴근하고 돌아 왔을 때 목련처럼 화사하게 웃으면서 맞아 주길 바랐다.

어느 날, 남편이 다른 날보다 일찍 퇴근해서 집으로 왔다. 환절기에 감기까지 걸린 내 몰골을 보더니 혀를 끌끌 찼다. 그날 일찍 저녁을 먹고 대뜸 산책을 가자고 했다. 팔공산으로 차를 몰았다. 산책을 간다더니 갓바위를 향해서 걷기 시작했다.

몇 발자국 가지 않아서 헐떡거리던 나는 못 올라가겠다고 징징거렸고, 남편은 들은 척도 하지 않고 앞장을 섰다. 어쩔 수 없이 한 걸음 한 걸음씩 발걸음을 옮겼다. 한 시간이면 올라갈 수 있는 거리를 배가 더 걸려서야 정상에 도착했다.

다음날 아침 일어나지 못하고 자리에 눕고 말았다. 몸이 천근만근이었다. 뻐근하게 뭉친 다리는 일주일이 가서야 풀어졌다. 다시는 산책길에 따라나서지 않겠다고 투정을 부렸다. 하지만 그날 이후부터 억지 춘양으로 일주일에 한 번씩 높고 낮은 산으로 따라나서야만 했다.

그해 늦가을, 낙엽이 붉게 물든 만산홍엽의 덕유산에 올랐다. 산 입구에는 단풍이 곱게 물들었지만 산에 오를수록 가을의 끝자락이었다. 누렇게 바랜 낙엽은 발목까지 수북이 쌓여있었다. 정상에 올라 늦은 점심을 먹고 내려오던 중이었다.

앞서가던 남편의 발걸음이 빨라지는 것을 느꼈다. 뒤처져 있던 나는 빠른 걸음을 재촉했다. 어느 순간, 길이 없는 막다른 곳에 접어들었다. 낭떠러지가 심했고, 떨어진 낙엽 밑에는 돌멩이가 깔려있었다. 발을 조금이라도 헛디디게 되면 낭떠러지로 떨어질 것 같았다. 게다가 맑던 하늘이 잿빛으로 변하더니 싸리눈까지 뿌렸다.

골짜기부터 시작된 어둠 속으로 앞서가던 남편의 뒷모습이 희미해져갔다. 불러도 들리지 않는지 뒤돌아보지 않고 사라졌다. 산짐승이 바로 뒤에서 따라오지 않을까 하는 두려움에 산언저리를 수없이 두리번거리며 걸음을 재촉했다. 아무리 걸어도 제자리였다. 빠른 걸음으로 내디뎌도 헛걸음질만 해댔다.

조금씩 내리던 눈은 어느새 함박눈으로 바뀌었다. 낙엽 위에 내려앉은 눈은 금세 쌓여갔다. 미끄러지고 일어나기를 여러 번 반복하면서 온몸은 흰 눈과 땀으로 범벅이 되었다. 장갑도 끼지 않고 등산양말도 신지 않았던 손발은 마비 상태에 이르렀다. 아무런 감각도 느낄 수 없었다.

그대로 주저앉으면 다시는 일어나지 못할 것 같았다. 쉬지 않고 걷고 또 걸었다. 남편 따라 하염없이 앞만 보고 걷고 뛰었다. 나는 늘 그렇게 앞서가는 남편 뒤에서 허둥대면서 살아온 것 같았다. 남편의 듣기 싫은 말 한마디에도 토를 달지 않았고, 순응하면서 고개를 끄덕였다. 그래서인지 여태껏 큰 싸움이 없었다.

저 멀리 하얀 지붕을 덮어쓴 '휴게실'이 눈에 띄었다. 너무나 반가워 눈물이 났다. 먼저 도착한 남편은 천연덕스럽게 따뜻한 차를 마시며 앉아있었다.

저렇게 무심한 사람이 있을까. 남보다 더 못한 사람 같았다.

그래서 남편이라 하는가 싶었다. 길도 없는 가시밭길에서 혼자 가는 사람이 어디 있냐며 다시는 산에 오르지 않겠다고 다짐했다.

다음 날 아침, 몸살로 일어나지 못했다. 하지만 전처럼 오래가지 않았다. 온몸은 묵직했지만 마음은 가볍게 느껴졌다. 지쳐있던 얼굴은 핏기가 오르면서 생기가 돌았다. 높고 낮은 산을 강산이 몇 번 바뀌도록 오르내리다 보니 뜨거운 기운을 받은 것 같았다. 그 덕분인지 매사가 즐겁고 활기찬 일상의 모습으로 돌아왔다. 혹독한 산에 오르는 훈련을 통해서 건강한 몸과 정신력으로 버티고 살아가는 게 아닌가 싶었다.

"당신은 내가 던진 덫에 걸렸다."

어느 날 남편이 무심코 던진 말이었다. 골골 약골이던 내가 남편이 쳐놓은 작전에 걸려든 것이었다. 이제는 남편보다 먼저 등산 가는 날을 손꼽아 기다린다.

초년생의 봄날

　나는 첩첩산골 강원도 태백에서 도시로 나왔다. 여고를 졸업한 후 가방 하나만 달랑 메고 무작정 도회지를 향한 시외버스에 올랐다. 첫발을 내디딘 곳은 대구의 북부정류장이었다. 어둠이 짙어갈 무렵에 도착한 낯선 도시에서 내가 갈 곳은 한 군데도 없었다. 마침 대합실 입구에 직원을 모집한다는 공고가 붙어 있었다. 날이 밝자마자 총무과에 이력서를 넣고 기다렸다. 다행히 며칠 후 면접을 보러 오라는 통보를 받았다.

　도시에서 졸업한 면접자들은 스커트와 블라우스로 한껏 멋을 내어 세련되면서도 깔끔한 외모였다. 후줄근한 나일론 잠바에 낡은 청바지를 입은 나는 촌스러운 모습이었다. 더군다나 부끄러움이 많아 사람들 얼굴도 제대로 쳐다보지 못하고 시선을 옆으로 돌렸다.

사장님과 임원들의 질문에 차분하게 대답하는 여학생들과 달리 나는 어수룩한 표정으로 촌스런 삶의 흔적을 드러냈다. 그래도 그 회사에 들어가서 꼭 일을 하고 싶었다. 돈을 벌어서 동생들에게 학비를 보내고, 예쁜 옷과 시계도 사 주고 싶었다. 무엇보다 동생들이 공부할 수 있도록 새로운 터전을 마련하기 위해서라도 일자리를 잡고 싶었다.

다음 날, 담당 부서에서 출근하라는 소식을 받았다. 학연과 지연, 혈연에서 아무런 연관이 없었지만 운이 좋았던지 회사의 부름을 받게 되었다. 문제는 입사 서류였다. 졸업 증명서를 비롯하여 여러 가지 증명을 할 수 있는 서류를 제출해야 했다. 그중에서도 재산세가 수십만 원 이상 되는 사람의 인감증명서와 보증서가 필요했다.

걱정이 태산이었다. 시골에서는 재산세가 수십만 원 이상 나오는 집을 찾을 수가 없었다. 당시에 수십만 원이면 집 한 채를 살 수 있는 금액이었다. 서류를 내지 못하면 회사에 다닐 수 없었다.

경리과에서는 하루에도 큰돈을 만지고 법인 장부를 기장해야 하기 때문에 재산세 납세증명서를 제출하는 것은 필수라고 했다. 서류를 낼 수 있는 여건이 되지 않아서 힘없이 회사를 빠져

나오는데 돌아서는 등 뒤에서 J 상사가 불렀다. 시골에서 온 내가 측은해 보였던지 재산세 납세필증의 보증서에 들어가는 복잡한 서류 대신 보증보험으로 대체하는 서류를 떼오라고 했다. 나도 모르게 얼굴의 주름살이 펴지고 어깨와 등이 꼿꼿이 펴졌다.

회사는 규모가 꽤 큰 편이었다. 직원과 종업원이 수백 명이 넘었고, 사무실에는 부서별로 수십 명이 일하고 있었다. 열 명이 넘는 여직원도 바쁘게 움직였다. 그녀들은 나에게 시골뜨기 신입사원이라고 놀려댔지만 전혀 귀에 거슬리지 않았다.

강원도 사투리를 쓰는 나와 경상도 사투리를 쓰는 그녀들과 언어 소통이 되지 않을 때가 있었다. '언제예'라는 경상도 말에는 '아니다'라는 말의 뜻이 담겨 있었지만 내가 쓰는 '언제요'라는 말은 시간을 묻는 말이었다.

회사에 들어간 지 일 년이 되지 않았을 때였다. 일하던 자리에서 다른 곳으로 발령이 났다. 선배 언니가 결혼을 하면서 내가 그 자리로 옮기게 되었다. 새로 일하게 된 곳은 법인장부를 기장하는 일이었다. 일 년 동안 발생한 수입과 지출과 비용을 기장하고 기업의 경영 성과를 대차대조표와 손익계산서로 뽑아내야 했다.

그 자리는 먼저 입사한 언니가 발령을 받아야 할 자리였다. 임원 회의에서 결정한 일이었지만 나를 바라보는 언니들의 눈초리가 예사롭지 않았다. 생판 모르는 남이었지만 이제 한 회사에서 동고동락하는 이상 미움을 받아서는 안 되겠다는 생각이 들었다. 아무리 좋은 자리라도 가시방석에 앉기는 싫었다. 그러려면 좀 더 바삐 내 몸을 놀려야 했다.

 미련한 곰보다 약삭빠른 여우가 사회생활에서는 훨씬 더 나을지도 모른다. 나는 최대한 지혜롭게 행동하려고 노력했다. 언니들의 바쁜 업무를 간간이 도왔고, 조출과 당직이 있을 때면 대신해 주기도 했다. 그러면서 기분도 맞춰 주었고, 간식으로 떡볶이와 만두로 한턱 내기도 했다.

 손님이 많이 오는 날엔 커피잔 씻는 설거지를 맡았고, 아침 일찍 출근해서 청소하는 것도 먼저 했다. 힘든 일이 있을 땐 눈치껏 앞장을 섰다. 마음의 문을 열지 않을 것 같았던 그녀들이 서서히 바뀌어갔다. 도시에서 나고 자랐던 그녀들은 시골뜨기의 서툴렀던 행동이 마음에 들지 않았을지도 모르겠다. 하지만 어느 순간 텃세를 하던 흔적은 사라지고, 모두가 착한 언니의 동료가 되었다.

 개나리와 진달래가 피는 봄날이면 언니들과 공원으로 나들이를 다녔고, 무더운 여름엔 골짜기로 휴가를 떠났다. 단풍이 드는 가을엔 팔공산에서 가로수 길을 걷고 또 걸으며 행복해 했고, 스산한 바람이 부는 겨울엔 어깨를 움츠리고 선술집에 들어섰다. 술을 주거니 받거니 하면서 취할 때면 뭔가 허전한 마음에 가는 해가 아쉽다 하면서 서로를 토닥거렸다.

화양연화란 인생에서 가장 아름다운 한때를 일컫는 말이다. 내 인생에서 아름다웠던 한 부분을 뽑는다면 아마도 이때가 아니었을까. 아무런 걱정도 부담도 없을 때였다. 내가 할 수 있는 일이 있었고, 적금을 부을 수 있는 월급을 받았고, 동생들에게 용돈을 줄 수 있었고, 늘 같이 웃고 울면서 함께 했던 언니들이 있어서였다.

언니들은 결혼을 하면서 한 명씩 회사를 떠났고, 새로운 후배들이 들어왔다. 떠날 때마다 헤어짐이 아쉬워 눈물을 흘리며 자주 연락하고 만나자고 약속을 했건만 생각만큼 쉽지는 않았다. 모두가 제 살길이 바빠서였을 것이다. 나도 결혼을 하면서 회사를 그만둬야 했다.

봄날의 햇살이 따사롭게 퍼진다. 그 햇살 자락에 앉아 오래전 함께 일했던 그녀들을 떠올린다. 내 입가에 아름다웠던 시절의 미소가 번진다.

안갯속

세상 이치에 어두운 사람을 두고 숙맥이라고 한다. 나는 마흔이 될 때까지 숙맥으로 살았다. 집 안에서 살림만 하면서 세상과 아우르지 못했다. 마음속에는 젊은 날 꿈을 펼쳐 보지 못한 아쉬움이 앙금처럼 남아 있었다. 그중에서도 공부를 하고 싶었다. 하지만 좀처럼 기회가 오지 않았다.

마흔이 넘어서 애타게 기다리던 기회가 찾아왔다. 대학교에서 글공부하고 싶은 사람들에게 만학도 특별 전형이 있었다. 환영식이 있던 날, 내 소개를 하게 되었다. 연단에 서서 앞을 보니 현기증이 일었다. 머릿속은 텅 비었고, 하고 싶었던 말도 잊어버렸다. 가슴은 뛰었고, 심장 소리만 귓가에 맴돌았다. 이름 석 자를 잊고 살았던 나는 내 목소리를 내지 못하고 이름만 말하고는 연단을 내려왔다.

스무 살 적 내 인생은 안갯속에서 걷는 것과 마찬가지였다. 안개에 싸여서 한 치 앞을 볼 수가 없었다. 사람들 앞에만 서면 울렁증이 일었다. 얼굴이 붉어지고 눈도 맞추지 못했다. 상급학교에 진학할 수 없었던 슬픔에 인생의 방향 감각을 잃어버려서 성격마저 소심하게 바뀌었다.

자기소개도 제대로 하지 못한 채 연단에서 내려왔던 날은 스무 살 적 찾아왔던 절망이라는 단어를 떠올렸다. 두 아이를 낳고 키우다 보니 어느덧 불혹을 넘겼지만 여전히 사람들 앞에서 나에 대한 소개 한마디 하지 못하고 내려왔던 것이다.

문학기행이나 행사가 있을 때 빠질 수 없는 것이 자신의 목소리를 내는 것이었다. 다들 노래를 잘 불렀고, 말솜씨 또한 뛰어났다. 무심코 던진 한마디 말도 웃음과 즐거움을 곁들였다. 자신감이 상실되었던 나는 모임에서나 행사 때면 늘 귀퉁이에서 서성거렸다.

나는 이대로 물러설 수는 없었다. 강단에서 말 한마디 못하고 내려왔다고 희망을 포기하고 싶지는 않았다. 빈 강의실을 찾아다녔다. 아무도 없는 곳에서 목소리를 내어 보았다. 목소리는 입밖으로 나오지 않고 입속에서만 윙윙거렸다.

한 달이 가고 두 달이 갔다. 한 학기를 마치고 한 해가 갔다.

청중도 없는 연단에서 목소리를 한껏 높이고 내리기를 반복으로 연습했다. 꽉 찬 강의실로 생각하고 원고를 읽어 내려갔다. 입 밖으로 나오지 않던 말이 어느새 봇물처럼 터져 나왔다.

캠퍼스에서의 생활은 눈 깜짝할 사이에 지나갔다. 4학년이 되자 여대생을 상대로 리더십 교육이 있었다. 3박 4일 동안 협동심을 바탕으로 아이디어를 구축하고 자신을 드러내는 시간을 가졌다. 열 명이 한 조였다. 여러 가지 주제를 놓고 열띤 토론이 시작되었다. 대학을 졸업한 후 앞으로의 진로문제가 중심에 있었다.

한 사람씩 돌아가면서 자신을 소개했다. 졸업 후 진로 방향과 5년, 10년, 20년 후 자신의 모습을 발표했다. 스물이 갓 넘은 여학생들은 힘찬 목소리로 생기발랄한 모습을 드러냈다. 아름다운 젊은이의 모습이었다.

나도 저런 시절이 있었을까. 내 젊은 날은 어떤 모습이었을까. 내가 학교에 다니던 시절도 있었을까. 내게도 꿈은 있긴 했을까. 삽시간에 여러 가지를 생각하던 중 어느 틈에 내 차례가 돌아왔다. 얼떨결에 평소 품고 있었던 생각을 두서없이 내뱉었다.

스무 살 적 내게도 꿈이 있었다. 마흔이 넘은 나는 아직도 꿈을 꾸고 있다. 그 꿈은 마치 안갯속에 갇힌 것처럼 보이지 않는다. 희망이 없어 보인다. 하지만 나는 끝까지 포기하지 않고 꿈속을 헤매는 무의식중에도 희망을 품고 살고 있다는 그런 내용이었다.

학생들은 안개에 휩싸인 내게 다시 일어설 수 있는 용기를 보 듬어 주었다. 한 여학생은 자신의 어머니는 꿈이 있는지조차 관심이 없다고 했다. 오로지 자식들만 바라보며 뒷바라지하는 존재로 여긴다고 했다. 어머니는 어머니일 뿐이지 그 이상도 이하도 아니었다며 눈물을 글썽거렸다.

그녀는 한 마디 덧붙였다. 교육이 끝나고 집으로 돌아가면 엄마이기 전에 한 여자로 대할 것이라고 했다. 한 여자로서 지금 하고 싶은 게 있다면 딸인 자신이 최대한 밀어주겠다는 약속까지 했다.

그녀의 말이 끝나자 모두가 박수를 쳤다. 가슴 한쪽이 찡했다. 갑자기 용기가 생기고 무언가를 할 수 있겠다는 희망이 생겼다. 나는 그녀들과 같이 공부를 하면서 내 이름 석 자를 찾았다.

졸업을 앞두고 방과 후 독서지도와 외국인을 위한 한국어 강사를 맡았다. 처음 수업하던 날 얼마나 떨렸던가! 교단에 서니 초롱초롱한 눈망울을 가진 아이들이 한눈에 들어왔고, 이민자 여성들 또한 뿌리를 내리기 위한 삶이 보였다. 아이들의 얼굴이 맑고 순수했다. 그 표정 속에서 나는 행복함을 느꼈다. 강의를 한 지 몇 년이 지났다. 떨리는 것은 여전하다. 하지만 그 떨림을 이제는 즐길 줄 안다.

우리의 인생은 마치 안갯속을 걷는 것처럼 자신의 앞날에 대해 정확히 알 수가 없다. 나 역시 이십 대에는 그랬다. 절망이 보이자 모든 것을 포기하고 싶었다. 희망의 빛을 만나지 못할 것이라 여겼다. 잿빛 구름 속에서도 실오라기 같은 희망을 만날 수 있다는 것을 세월의 강이 흐르면서 알게 되었다.

  인생 다 살았다고, 너무 늦었다고 시작도 해 보지 않고 포기했다면 지금 얼마나 재미없는 인생을 살고 있을까. 지금은 평생교육의 시대가 아닌가! 나는 지금도 하고 싶은 일이 너무나 많다. 한 치 앞이 보이지 않는 안갯속이라고 해도 세상 떠나는 날까지 하고 싶은 일은 끝까지 해보고 싶다.

시루떡

 사무실을 짓고 입주하는 날이다. 막냇동생이 김이 모락모락 나는 떡을 많이도 해 왔다. 떡을 접시에 담아서 이웃들에게 나누어 드렸더니 모두가 맛있다며 잘 먹었다는 인사를 한다. 시루떡 한 조각을 떼어내서 베어 먹으니 어렸을 적 떡과 실랑이하던 생각이 나서 가슴이 먹먹해진다.

 나뭇잎이 붉게 물들어가는 어느 해 늦가을이었다. 동생과 나는 삽짝에 앉아서 부모님을 기다렸다. 다섯 살, 네 살이었던 우리는 사슴처럼 목을 길게 **빼고** 하염없이 앉아 있었다. 산자락에서 번진 어둠은 어느새 앞마당까지 파고들었는데 재 너머 골짜기 밭에 일하러 가신 부모님은 소식이 없었다.

동생이 배고프다며 칭얼거렸다. 나는 부엌으로 가서 먹을 것을 찾았다. 국수를 해 먹겠다고 갈아 놓은 옥수숫가루만 눈에 띄었다. 전날, 밤이 이슥하도록 마주 앉은 부모님이 올챙이국수를 쑨다며 맷돌에 갈아 놓은 것이었다. 그것으로는 주린 배를 채울 수가 없었다.

칭얼거리는 여동생에게 조금만 기다리자고 했다. 그때, 옆집 아줌마가 시루떡 한 접시와 탕 한 그릇을 가져왔다. 전날 밤, 제사를 지냈다고 했다. 밭에 일하러 가신 부모님은 곧 돌아올 테니 기다리지 말고 요기를 하라며 떡 접시를 건네주었다.

접시에 담긴 떡을 보고 있으니 군침이 돌았다. 먹고 싶었지만 침만 꿀꺽 삼켰다. 팥고물을 살짝 떼어서 입으로 가져가니 달달한 맛이 살살 녹았다. 더 먹고 싶었지만 손이 오그라들었다. 동생과 나는 떡 접시를 방바닥에 놓고 눈요기만 했다. 배는 점점 고파왔지만 떡을 먹을 수가 없었다. 평소 어머니는 귀한 것이 생기면 어른이 먼저 드시고 난 다음에 우리가 먹어야 한다고 일렀기 때문이었다.

땅거미는 더욱 짙어 갔다. 드디어 부모님이 돌아오시자 맨발로 뛰쳐나갔다. 엄마는 콩 타작하던 것을 남길 수 없어서 마저 끝내느라 늦었다고 했다. 두 분은 많이 지쳐 있었다. 힘이 하나도 없어 보였다. 동생은 눈치도 없이 접시에 담긴 시루떡을 내밀며 먹어도 되냐고 물었다. 어머니는 배고픈 우리에게 먼저 먹으라고 했지만 나는 기다리자고 했다.

뒷간에 볼일 보러 가신 아버지는 한참이 된 것 같은데 기다려도 오지 않았다. 떡을 바라보고 있자니 군침은 넘어가고 뱃속에서는 꼬르륵하는 소리가 요란했다. 기다림을 참지 못해 떡 접시를 들고 아버지가 있는 곳으로 발걸음을 옮겼고, 동생은 뒤따라 왔다. 화장실 앞에 도착한 우리는 합창을 했다.

"아버지, 떡 드세요."

"너희들 먼저 먹어라."

아버지의 목소리에 피곤함이 묻어 있었다. 평소의 자상한 목소리가 아니라 지치고 힘없는 목소리는 어둠속에서 낮게 깔려 있었다. 우리는 아무런 대꾸도 하지 않고 떡 접시를 들고 집 안채로 향했다.

늦가을의 산동네는 어둠이 빨리 저물어 갔다. 캄캄한 어둠 속을 걷던 나는 돌부리를 보지 못하고 떡 접시와 함께 넘어지고 말았다. 검은 고무신은 고무신대로, 떡 접시는 접시대로, 떡은 떡대로 내동댕이쳐졌다. 게다가 무릎에는 피가 철철 흘렀다.

"내 떡!"

나는 떡을 외쳤다. 접시는 두 동강이 났고, 떡은 흙 위에 이리저리 흩어져서 찾기가 힘들었다. 무릎에 피가 나는 아픔보다도 어머니한테 꾸중 들을 일보다도 그토록 기대했던 떡을 먹을 수 없다는 사실에 울음보가 터졌다. 눈물이 그렁그렁한 채 흙을 털

어내고, 깨어진 접시 위로 떡을 주워 담았다. 동생은 얼마나 먹고 싶었던지 그 사이에 흙이 묻은 떡을 꾸역꾸역 씹고 있었다.

"어머니 아버지께 떡을 먼저 보이고 먹어야지."

동생이 먹지 못하게 떡을 빼앗았다. 그러고는 먹고 있던 떡을 뱉으라고 했다. 동생은 바닥에 퍼질러 앉아서 엉엉 울었다. 입속에 있던 떡이 바깥으로 내다보였다. 떡을 뱉으라고 하자 동생은 그 큰 덩어리를 꿀꺽 삼켰다.

그날 저녁 삼킨 떡이 체했는지 동생은 열이 펄펄 끓고 배가 아프다고 밤잠을 설쳤다. 엄마와 아버지는 동생이 보채는 바람에 한숨도 주무시지 못했다. 동생 걱정이 되었던 어린 나도 잠을 설쳤던 밤이었다. 이리저리 뒤척이며 동생이 잘못되지 않을까 가슴을 졸였다. 아픔을 호소했던 동생은 멀건 죽만 입에 축였을 뿐 며칠 동안 아무것도 먹지 못했다. 허약한 몸이 더 앙상하게 보였다. 그 후 시루떡만 보면 체하는 습관이 생겼다. 먹지 않고 보기만 해도 동생 생각에 목이 매여 왔다.

동생은 요즘도 떡을 잘 먹는다. 그때의 기억이 없는지 게 눈 감추듯 떡 한 접시를 후다닥 해치운다. 오랜 세월이 흘렀지만 네 살이었던 어린 동생을 생각할 때면 눈물이 핑 돈다.

떡 한 조각을 떼어 낸다. 팥고물이 목으로 넘어가는 순간 딱 붙어서 오도 가도 않는다. 물을 한 모금 마신다. 팥고물이 목구멍을 타고 스르르 녹아내린다.

편지 친구 1

　오랜만에 친구들을 만났다. 한 친구가 인터넷을 통해 만난 어떤 여인과의 사연을 실타래처럼 풀어놓았다.
　어느 해, 친구는 인터넷 사이트에서 눈길을 붙드는 글을 읽었다고 했다. '외롭다'는 제목의 글이었다. "나는 살기 싫다. 나는 세상만사 모든 게 싫다."로 시작하는 글은 이건 분명 자살을 암시하는 내용이었다. 친구는 가슴이 철렁 내려앉았다. 장난으로 쓴 글이 아니라는 생각이 들었다.
　그 글을 읽고 짐짓 외면할 수가 없어서 댓글을 달았다. 그녀는 친구보다 네다섯 살쯤 많은 여자였다. 멀고 먼 타국에 살고 있으며 너무나 우울한 나날을 보낸다고 했다. 주변에 의지할 이웃이 없어서 삶의 의미를 잃은 것 같았다.

"제발, 목숨을 소중히 하세요. 제가 당신의 영원한 친구가 되어 드릴게요."

친구는 진심을 다해 댓글을 이어갔다. 덧붙이는 글에 자신의 전화번호와 메일 주소까지 달아 놓았다. 다음 날 이른 아침에 전화가 걸려왔다. 그녀의 전화였다.

전라도가 고향인 그녀 부부는 초등학교 동창이었다. 결혼을 하자마자 남편이 해외지사로 발령이 나서 함께 네덜란드로 떠났다. 낯설고 물설었지만 그럭저럭 잘 적응해 아이 셋 모두 제짝을 찾아 부부 곁을 떠나보냈다.

어느 순간, 외로움이 찾아왔다. 고향이 그리워진 것이다. 한국에 가고 싶었지만 따뜻하게 맞아 줄 연고가 없었다. 한국 사람 누구와도 소통을 나누려고 해도 손을 잡아 줄 이가 없었던 것이다. 그런 그녀에게 친구는 거리낌 없이 친구가 되어주었다.

친구는 십여 년 동안 그녀와 메일을 주고받았다. 오랫동안 연락을 하다 보니 하루를 어떻게 보내고 있는지 일거수일투족을 알게 되었다. 친구의 관심과 배려 덕분인지 그녀도 일상으로 돌아온 지 오래였다. 한 달에 두서너 번씩 병원에 들락거렸지만 일 년에 한두 번 찾을 정도로 건강도 좋아졌다. 그녀를 버티게 한 힘은 친구가 메일로 보낸 소통 때문이었다.

그녀는 친구의 초청으로 대구에 와서 며칠을 머물다 갔다고 했다. 친구 덕분에 몇 십 년 만에 고국 땅을 밟을 이유가 생겼고, 시장 난전에 앉아서 칼국수와 수제비를 먹으며 행복한 추억까지 남겼다.

나에게도 오랫동안 편지를 주고받았던 친구가 있었다. 초등학교 6학년 때 담임 선생님이 충남 서산 반도로 전근을 가셨다. 선생님은 그 학교 아이들과 우리 반 아이들에게 편지 교류를 맺어주었다. 얼굴도 이름도 모르는 친구에게 편지가 왔고, 나도 답장을 보냈다. 사춘기를 보내며 오랫동안 편지는 이어졌다. 여고를 졸업하고, 그녀는 상급학교로 진학을 했고, 나는 도시로 나와 취업을 했다. 그러면서도 소식을 끊지 않고 연락을 주고받았다.

어느 해 봄날이었다. 그녀는 피곤이 겹쳐 병을 앓고 있다고 했다. 일상생활에 자신감이 없어지면서 학교도 그만두고 고향에서 보낸다는 글을 보내왔다. 그 무렵, 그녀에게서 가장 많은 편지를 받았다. 하루가 멀다 하고 일기 쓰듯 편지를 써서 보내왔다.

그녀가 방안에 누워있는 날이 많아지면서 편지는 뜸해지기 시작했고, 슬픔이 가득한 글이 간헐적으로 전달되어 왔다. 그즈음 나도 회사의 바쁜 업무로 자주 소식을 보내지 못했다.

어느 날, 그녀의 편지에서 걸어 다니지도 몸을 움직일 수도 없다고 했다. 옆에서 도와주지 않으면 옴짝달싹할 수도 없었다. 누워서 천장을 바라보고 있으면 더 살고 싶다는 욕구가 생긴다며 슬픔이 가득한 글을 보내왔다. 그러면서 나에게 한 가지 부탁을 했다. 자신이 세상을 떠나기 전에 만나보고 싶다는 내용이었다.

　나는 망설이지 않고 먼 곳에 있는 그녀를 찾아갔다. 처음 본 얼굴은 너무나 끔찍했다. 사진으로 보내왔던 모습이 아니었다. 한창 꽃 피는 나이, 미소를 함빡 짓던 그 모습은 온데간데없었다. 얼굴보다 더 큰 혹이 턱 밑에 붙어 있어서 눈 뜨고는 차마 볼 수가 없었다. 큰 바위의 암덩어리였다. 후두암이었다. 사경을 헤매고 있어서 의식이 왔다 갔다 할 정도였다.

　눈물이 쏟아졌다. 편지를 주고받았던 십여 년의 시간들이 주마등처럼 떠올랐다. 슬프고 즐겁고 행복했던 순간을 편지와 함께 했던 시간이었다. 그녀의 생이 얼마 남지 않았다니 믿을 수가 없었다. 그녀가 누런 종이 위에 떨리는 손으로 글을 썼다. 멀리까지 와 줘서 고맙다는 단 한 줄이었다. 꽃다운 나이 스물네 살에 세상을 떠나고 우리의 인연은 끝이 났다.

　오랜만의 모임은 숙연해졌다. 이런저런 수다로 웃음꽃이 필 줄 알았지만 어느새 진중해지고 있었다. 친구의 이야기로 감동적이었던 분위기가 내 이야기로 인해 숙연해졌다. 메일과 편지의 역할이 얼마나 큰가에 대해서 생각하는 시간이 되었다.

　창밖을 내다보니 어느새 어둠이 골목 안 곳곳으로 스며들고 있었다. 다음 모임을 기약하며 자리에서 일어났지만 쉽게 헤어지지 못하고 우리는 한참이나 서성거렸다.

편지 친구 2

내 마음속에는 세월이 아무리 흘러도 지워지지 않는 기억 하나가 있다. 나와 그는 두 살 차였다. 그는 나를 '숙아'라고 불렀고, 나는 딱히 부를 만한 호칭을 찾지 못해서 그를 '오빠'라고 불렀다. 그는 내가 살고 있는 곳에서 멀리 떨어진 곳에 살고 있었다. 전국적으로 이름이 알려진 고교 야구선수였으며, 잘 생긴 외모에 은사시나무처럼 쭉쭉 뻗은 키가 시원스러운 호남형이었다.

그를 만난 것은 중학교 3학년 때, 설악산으로 수학여행을 가서였다. 설악산 입구에 버스를 주차해 놓고 흔들바위를 다녀온 직후, 친구들이 다 모일 때까지 반 아이들은 버스 안에서 조잘조잘 수다를 떨고 있었다. 그때 바로 옆 차선으로 버스 한 대가 멈춰 섰다. K 고등학교의 야구부 선수가 탄 버스였다.

우리 반 친구들은 환호성을 지르고 난리가 났다. 고교 야구 경기가 인기가 많다보니 야구선수들도 연예인 못지않게 인기를 누렸던 시절이었다. 친구들은 선수들 이름을 거의 다 외울 뿐 아니라 선수마다 타율이 몇 할 몇 푼 몇 리까지 되는지도 알고 있었다. 친구들과 달리 야구에 관심이 없었던 나는 그런 친구들을 멀뚱멀뚱 바라볼 뿐이었다.

그때였다. 내가 앉은 창문 맞은편에서 누군가가 손짓을 하는 것 같았다. 유리창을 두드리는 소리가 났지만 나를 부르는 신호인지는 몰랐다. 반 친구들이 내 이름을 부르며 창밖을 내다보라고 손짓했다.

"야! 너 이름이 뭐냐?"

대뜸 내 이름이 뭐냐고 물었다. 창문 너머 손짓하는 그의 얼굴을 물끄러미 쳐다보았다. 그가 내게 관심을 보이자 친구들은 함성을 지르며 내 이름을 가르쳐 줬다. 그는 학교 주소와 자신의 이름을 적은 쪽지를 내게 건네줬다. 하지만 수학여행이 끝나고 그를 까맣게 잊어버리고 있었다.

초여름이 시작되던 어느 날, 그에게서 편지가 왔다. "숙아! 지금도 쑥쑥 잘 크고 있지?" 첫 문장을 그렇게 썼다. 잘 있었냐는 첫 인사와 다른 학교와 춘계 야구 시합을 하느라 이제야 첫 편지를 쓴다는 내용이었다. 숫기가 없었던 나는 말하는 것보다 차라리 글 쓰는 편이 나았다. 그를 보았을 때는 한마디 말도 못했지만 편지를 받고 답장을 쓰는 데는 그다지 거리낌이 없었다.

나는 초등학교에 들어가기 전부터 편지를 썼다. 어머니가 불러 주신 말씀을 글로 받아 적어서 먼 곳에 있는 친인척들에게 편지를 보냈다. 그 덕분인지 말보다 글을 먼저 깨우쳤다.

그의 편지를 읽고 답장을 보내면서도 호칭을 쓰지 않았다. 다시 그의 편지가 왔고, 그에겐 여동생이 없으니 '오빠'라고 부르라는 내용이 곁들여 있었다. 처음에는 쑥스러워서 망설였는데 용기 내서 막상 불러보니까 생각보다 괜찮았다. 스스럼이 사라져서인지 편지 쓰는 날도 점점 늘어갔다.

그와의 편지는 일주일에 한 번씩 오고 갔다. 처음엔 자신을 소개하는 내용이 많았다. 주로 학교와 야구에 관한 이야기였다. 야구에 관심 없던 나는 그가 고교 야구로 시합이 있어서 텔레비전에 나오는 날이면 꼼짝 않고 앉아 화면 앞을 떠나지 않았다.

그에게 호감이 갔던 이유는 원정 경기를 오가는 차 속에서도 늘 책을 손에서 놓지 않는다는 것 때문이었다. 또한 야구 방망이를 들고 있는 화면 속 그의 얼굴에는 늘 미소를 머금고 있었다. 나도 그와 같이 거울 속 내 얼굴을 들여다보며 웃는 연습을 했다. 그처럼 나도 통학하는 버스 속에서 책을 읽으려고 노력했지만 콩나물시루 안에서는 허사였다.

그는 문학과 그림에도 관심이 많았다. 내게 보내온 편지지는 대부분 은행잎이나 단풍잎을 말려서 만든 것이었다. 윤동주의 별을 헤는 밤, 김춘수의 꽃, 박인환의 목마와 숙녀 같은 시를 적어서 보내왔다. 그때 외웠던 시들을 아직도 기억하고 있다. 그 영향으로 문예반에 가입했고, 교내에서 여러 개의 상까지 받게 됐다. 그것이 지금까지도 글을 쓰는 계기가 된지도 모르겠다.

 편지 속에는 많은 사진을 보내왔다. 주로 선수들과 찍은 사진이었는데 프로구단에서 활동하고 있는 이름난 선수도 있었다. 그도 졸업 후 구단에 들어가서 프로선수로 활동하는 게 꿈이라고 했다.

 일주일에 한 번 정도 보내던 내 편지가 한참 동안 멈출 때가 있었다. 중간고사나 기말고사가 있을 때면 나의 답장을 기다리다 지쳐서 내가 편지를 보내기도 전에 또 편지를 보내왔다. 야구 시합으로 바쁜 스케줄 중이었지만 끊임없이 관심을 보이던 그의 편지는 큰 즐거움이었다.

 그해 겨울 방학 때 나는 외갓집에서 머물렀다. 흰 눈이 내 무릎까지 내렸고, 그 동네 친구들과 눈사람을 만들고 눈싸움하느라 시간 가는 줄 몰랐다. 냇가에서 썰매를 타고 산으로 들로 토끼를 잡으러 다니느라 그와의 편지는 까맣게 잊고 있었다.

 그는 편지를 몇 번 보내도 답장을 받지 못하자 동계 훈련에 빠진 채 나를 찾아왔다. 전라도에서 강원도까지 하루가 꼬박 걸려서 찾아온 그를 엄마는 밥 한술 해 먹이고는 다시는 찾아오지 말라며 돌려보냈다.

  그 후 그의 편지는 내게 오기도 전에 엄마 손에서 사라졌다. 딸이 내리 넷인 엄마는 은근히 걱정이 되어선지 내가 여고에 들어가면서 단속이 유난히 심해졌다. 첫 단추를 잘 끼워야 한다며 그때부터 내게 오는 편지는 모조리 엄마의 손을 거치고서야 받아 볼 수 있었다. '보고 싶다' 거나 '그립다'는 낱말이 쓰여 있으면 가차 없이 엄마의 손에서 사라졌다.

  지금 편지 쓰는 일이 드물어졌다. 그때 생각하면 가슴이 벌렁거리며 마음이 따뜻해진다. 몇 날 며칠을 기다려서 주고받던 편지는 사라졌지만 행복했던 기억은 오롯이 남아있다. 그는 지금도 야구를 하고 있는지 아니면 감독이 되어 야구선수를 길러내고 있는지 가끔은 궁금할 때가 있다.

고양이 몸보신

얼마 전부터 몸이 좋지 않았다. 복숭아밭에서 일을 하는데 습기를 머금은 솜처럼 내 몸은 자꾸만 축 처져갔다. 입맛이 없어지니 기운도 스르르 떨어졌다. 병원에 갔더니 의사가 대상포진이라고 했다. 잘 먹고 푹 쉬면 괜찮아진다고 했는데 바닥으로 떨어진 기력은 좀처럼 올라오지 않았다.

일을 마치고 집으로 가려던 참이었다. 이웃 농부가 일터로 왔다. 대상포진에는 영양식을 먹어야 한다며 내 팔뚝보다 긴 붕어 한 마리를 내밀었다. 저수지 가장 자리에서 뜰채로 방금 낚았다는 붕어가 펄떡펄떡 뛰었다. 비늘도 떼지 말고 참기름에 달달 볶다가 찜솥에 넣고 푹 고아 국물을 마시면 원기가 회복된다고 했다.

　이튿날 일터로 나오면서 커다란 솥과 생강과 참기름 한 병을 가져왔다. 붕어를 한 솥 끓여서 먹으면 달아났던 힘이 되돌아올 것 같았다. 우람차고 힘센 붕어의 펄떡거리는 모습만으로도 기운이 솟아났다.

　붕어를 한 찜통 푹 고아서 혼자 먹기엔 아깝다는 생각이 들었다. 요즘 일하느라 힘들어 보이는 남편에게 한 그릇 떠주고 옆에 사는 친정 엄마에게도 한 그릇 드리고 싶었다. 잦은 출장에 일 스트레스를 받는 큰아들과 며칠 후 제대하는 작은아들도 한 그릇 먹이고 싶었다. 얼마 전 할머니가 저세상으로 떠나고 혼자된 이웃 할아버지도 생각났다. 여름부터 이듬해 봄까지 내 옆에서 일하느라 손과 발이 되어 주는 여동생도 한 그릇 먹이고 싶었다. 붕어를 한 찜통 푹 고아서 한 그릇씩 퍼줄 사람들을 생각하니 은근히 기분이 좋아졌다.

　고무 함지박 속에 넣어둔 붕어를 꺼내려고 뚜껑을 열었다. 붕어가 보이지 않았다. 분명히 어제저녁 물속에서 붕어가 노니는 모습을 보고 퇴근을 했는데 밤새 없어졌다니 믿어지지가 않았다. 붕어가 있는 것을 아는 사람은 농부와 나 둘뿐이었다. 붕어는 어디로 간 것일까. 몸보신하라고 붕어를 준 이웃 농부는 가져가지는 않았을 텐데.

　길 건너 사는 할머니가 가져갔을까. 가끔 큰 개 한 마리를 끌고 우리 마당을 지나다녔는데 킁킁거리며 냄새를 맡은 것은 아닐까. 아니면 붕어 혼자 자기가 태어난 삼정지로 건너가지는 않았을까. 아무리 생각해봐도 오리무중이었다.

다음날 일터에서 유리창으로 바깥을 무심코 내다보고 있었다. 그때 고양이 한 마리가 어슬렁어슬렁 걸어가는 모습이 보였다. 몸이 무거워서 뒤뚱뒤뚱 걷는 모습이 꼭 넘어질 것 같았다. 저렇게 큰 고양이는 처음 봤다. 배는 남산만 한 고양이가 하품을 할 때면 포효하는 호랑이 같았다. 고개를 내 쪽으로 돌린 고양이와 나는 눈이 딱 마주치자 머리끝이 쭈뼛쭈뼛 서면서 등줄기에 식은땀이 났다.

며칠 후, 앞마당에 재어놓은 팔레트를 옮길 때였다. 청소를 하려고 빗자루로 상자를 쓸고 있는데 갓 태어난 새끼 고양이 한 마리가 보였다. 몸은 온통 양수를 뒤집어쓰고 있었다. 눈도 뜨지 못하고 걷는 것도 신통찮았다. 고무 함지박에 고양이를 옮기고 팔레트 하나를 위로 옮기는데 새끼 고양이 한 마리가 더 보이더니 무려 다섯 마리나 되었다.

어미 고양이가 보이지 않았다. 조금 전에 새끼를 낳았는데 내가 청소를 시작하자 숨어서 나를 보고 있는 것 같았다. 나는 청소를 끝낼 때까지 붕어를 담아 놓았던 함지박 속에 고양이를 보관해 놓았다. 고양이 다섯 마리는 서로 핥으며 앵앵거렸다. 배가 고파서 어미젖을 찾는 것 같았다. 청소를 끝내고 새끼 고양이를 제자리에 갖다 놓고 습식 사료와 물을 떠다 놓고 퇴근을 했다.

　이튿날 아침 새끼 고양이용 사료를 한 포대 샀다. 고양이에게 주려고 앞마당으로 나갔다. 고양이는 한 마리도 보이지 않았다. 전날 놓고 간 음식도 먹지 않고 어디로 갔을까. 주변을 뒤져보았다. 쌓아 놓은 팔레트 몇 개를 들추어도 보이지 않았다. 앞마당과 뒷마당, 퇴비 더미와 농자재 쌓아놓은 곳을 다 뒤졌지만 흔적도 없었다. 눈도 뜨지 못하고 제대로 걷지도 못하는 새끼를 어미가 어디로 어떻게 데려갔는지 알 수가 없었다.

　그날 오후 이웃집 언니가 놀러 왔다. 붕어가 없어진 얘기를 했다. 며칠 전 늦은 밤 고양이와 개들이 창고 앞에 모여서 시끄럽게 짖어대더란다. 무슨 일인가 싶어서 그곳에 가 보니 고양이가 퍼덕거리는 붕어 한 마리를 옆에 놔두고 모여 있는 개를 향해 으르렁거렸단다.

　바로 뒤에 있는 창고로 달려갔다. 지게차를 세워놓았던 바퀴 옆에 생선 비늘 몇 개가 보였다. 그 옆에는 생선꼬리가 말라비틀어져 있었다. 아! 그제야 눈치를 챘다. 함지박 속에 있던 붕어를 고양이가 창고까지 끌고 가서 몸보신했다는 사실을.

　내가 보신할 붕어를 어미 고양이가 해치웠으니 다행이다. 나 대신 몸보신하고 건강한 새끼 고양이를 다섯 마리나 낳았으니 그것만으로 감사할 따름이다. 오늘은 고양이가 새끼를 데리고 내 앞에 나타나지 않을까 자꾸만 기다려진다.

잔도棧道에서 만난 남자

중국의 천문산에 올라 출렁거리는 잔도를 걷고 있다. 봄이 한창인 천문산은 갈맷빛 천지다. 유리를 깔아놓은 잔도 바닥으로 발아래가 투명하게 보인다. 천 길 낭떠러지에 눈이 멈추자 현기증이 날 것 같다. 남편의 손을 잡고 앞만 보고 걷는다.

얼마나 걸었을까. 잡았던 손을 놓고 걷자고 한다. 나는 현기증이 나서 발아래를 내려다보지 못하고 저 멀리 산의 풍경만 보고 걷는다. 한참을 걸었을까. 사람들 틈으로 남편이 보이지 않는다.

목을 길게 빼고 그의 모습을 찾는다. 천문산의 몽밀한 풍경에 시선을 빼앗기는 사이에 남편이 나를 앞질러 갔다는 생각이 든다. 사람들 틈 사이를 헤집고 빠른 걸음으로 나아간다. 한참을 걷다 보니 세 갈래의 길이 나타난다. 어디로 가야할지 망설인다. 남편이 이곳을 지나갔다면 분명히 나를 기다렸을 텐데, 보이지 않으니 뒤에서 오는 게 아닐까.

길모퉁이에서 남편을 기다린다. 갓길 위에서 잔도공들이 새로운 길을 만들기 위한 작업을 하고 있다. 그들은 각자가 맡은 일로 분주하게 움직인다. 한 남자가 허리에 끈을 칭칭 묶고 손에는 밧줄을 잡고 낭떠러지로 내려간다. 그의 몸이 밧줄에 매달려 대롱거린다. 마치 묘기를 부리는 것 같다. 나는 내려다보는 것만으로도 어지럼증이 느껴진다. 절벽 아래에 몸이 매달린 채로 남자는 커다란 기계로 바위를 뚫는다. 산 전체가 흔들리는 것 같다.

바위가 어느 정도 뚫렸는지 뚫린 구멍으로 쇠파이프를 끼우고 1m 떨어진 옆으로 옮겨서 다시 구멍을 뚫는다. 그는 잔도를 놓기 위해 기초 뼈대를 만드는 중이다. 절벽을 타고 흔들림 없이 일하는 남자의 모습이 아찔하다.

생명을 담보로 줄 하나에 매달려 있는 남자의 얼굴이 번들거린다. 갈퀴보다 마디가 굵고, 더 거친 손으로 이마에 흐르는 땀을 훔친다. 절벽에서 목숨을 걸고 일하는 모습이 아찔하다. 그가 의지하는 것은 엉덩이에 앉은 널빤지와 밧줄이 전부다. 가족을 먹여 살려야 하는 책임감 때문은 아닐까.

많은 사람이 생업에 매달리는 건, 책임질 가족과 미래를 위함일 것이다. 책임져야 하는 가족이 있기에 그 끈을 부여잡고 있다. 산다는 것은 가족을 위해 자신의 목숨까지도 내놓는 일이라는 생각이 든다.

　남편도 마찬가지다. 일 년 내내 전국을 떠돌며 가족을 먹여 살려야 하는 책임감으로 쉴 틈이 없다. 이제까지 살면서 남편과 내가 했던 일을 한 번도 쉽다고 느낀 적이 없었다. 남들이 쉽게 다가설 수 없는 힘들고 어려운 일만 우리에게 돌아왔다. 처음부터 아무것도 없이 시작했으니 잘 살아보겠다는 책임감으로 살아왔다. 외줄에 몸을 맡기며 새로운 길을 내는 남자나 전국을 떠돌며 농사용 자재 판매를 하는 남편도 결국은 가족을 위해서 살아온 것이다.

　잔도공 남자의 손놀림은 잠시도 가만히 있지 않는다. 기초 뼈대가 완성된 곳에 콘크리트를 치고 지지대로 바닥을 설치한다. 그 동작은 순식간이었고, 바로 유리를 까는 작업으로 마무리 된다.

　남자는 어깨와 허리에 묶여있던 줄을 느슨하게 풀면서 오늘은 할 일이 끝났다고 한다. 그때 저 멀리서 눈에 익은 남자가 어기적어기적 걸어오고 있다. 얼굴은 하얗게 질린 채 몸은 녹초가 되었다. 순간 콧등이 시큰거린다. 잔도 길 위를 걸어오는 그를 향해 손을 흔든다.

　남편 얼굴이 구슬땀으로 번들거리고 온몸이 기진맥진해 보인다. 그것도 모르고 천리 낭떠러지가 보이는 잔도를 나 혼자 달려

온 것이다. 결혼을 하고 강산이 세 번 바뀌었건만 같이 살면서 배려 없이 살아왔다고는 생각하지 않았는데 그건 나 혼자만의 생각일 수도 있을 것 같다. 남편이 고소공포증이 있다는 것을 기억도 못 하고 있었으니 말이다.

아이들이 어렸을 적 설악산으로 여행을 간 적이 있었다. 2박 3일간의 여행이었다. 흔들바위를 마지막으로 여행을 끝내기엔 울산바위가 부르는 것 같았다. 울산바위를 반쯤 올랐을 때였다. 남편이 꼭대기까지 올라갈 수 없다며 고소공포증이 있다고 했는데 그것마저 잊었다.

이순을 넘긴 지금 살아왔던 길을 뒤돌아본다. 우리 부부는 이제까지 잔도 길처럼 구불구불하고 걷기 힘든 위험한 인생길을 걸어왔다. 그때마다 삐걱거리지 말고 잘 걸어가자고 발을 맞췄다. 이제는 봄날의 연둣빛 풍경을, 가을의 붉은 단풍을 여유롭게 보면서 걷는다.

잔도 위에서 잠시 헤어졌다 만난 남편이 반갑다. 다시 잃어버릴까봐 조바심이 난 나는 남편의 손을 잡는다. 천문산 여행이 끝날 때까지 아니, 인생 끝나는 날까지 손을 놓지 않고 걸어가자고 힘을 준다.

제3부

대게

딱 하루, 아니 한 시간, 십 분이라도 좋겠다. 아버지가 잠시라도 내 눈앞에 나타나서 그렇게도 맛있게 드셨던 대게 다리를 뜯을 수 있는 기회가 한 번이라도 온다면 얼마나 좋을까.

- 대게
- 세상을 향한 첫 방
- 응어리
- 젊은날의 표상
- 아드린느를 위한 발라드
- 기억 속의 슬픔
- 엄마와 출근길
- 낚시에 빠지다
- 그들의 사랑법

대게

 대게가 많이 나는 철이다. 아직 바람 끝이 차가운데 거리는 미식가로 넘친다. 줄지어선 식당마다 대게를 찌는 찜솥에서는 '푸푸' 소리를 내며 김이 새어 나온다. 바닷바람을 맞으며 정박해 놓은 크고 작은 배들도 몸을 흔들며 대게 내음을 맡고 있다. 우리 일행도 한 식당에 자리를 잡았다.

 옆자리에 앉은 손님이 다정스럽다. 머리가 희끗한 노부부였다. 할아버지는 여든아홉이고, 할머니는 한 살 많은 아흔이다. 연세에 비해 두 분 다 건강해 보였고, 생기가 넘쳐났다. 할아버지는 집에서 두 시간 걸리는 이곳까지 손수 운전을 하고 오셨다. 전국을 누비며 맛있는 음식을 찾아다닌다고 하셨다. 노부부의 맞은편에 앉은 환갑이 넘은 두 딸도 부모님 자랑에 열을 올렸다. 그 모습이 부럽다. 아버지가 살아 계신다면 얼마나 좋을까. 우리 형제들도 아버지를 모시고 맛있는 음식을 찾아서 다닐 텐데 아쉽기만 하다.

나는 태백산 줄기의 한 골짜기에서 태어났다. 아버지는 석탄을 캐는 광부였다. 지하 수십 리 들어가서 채탄 작업을 하면서 입버릇처럼 늘 이곳을 떠나야 한다고 말씀하셨다. 탄광촌은 잠시 머물러 있는 곳이라고 하면서. 술이 거나하게 취한 날이면 나와 네 명의 동생들을 태어난 순서대로 앉혀 놓고 연설을 하셨다.

"말은 제주도로 보내야 하고, 사람은 서울로 가야 한다."

아버지는 이곳 생활에 불만이 많았다. 배운 것이 없어서 할 수 있는 일이 없었다. 자식들은 도회지로 나가서 자신의 꿈을 키우길 바랐다. 우리에게 뒷바라지를 제대로 못해줘서 미안하다며 자신에게 원망의 목소리를 되새김질하는 날이면 술을 더 많이 드셨다.

아버지는 바닷가 호젓한 마을에서 태어났다. 고향 앞 바다에는 갈마바람을 받으며 배들이 이리저리 떠다녔다. 나뭇잎 사이로 들어온 햇살을 받으며 수시로 변하는 바다를 하염없이 바라보며 자랐다. 그러다 초등학교 2학년 때 고향마을을 떠나게 되었다.

태백산 줄기의 경상북도와 강원도의 경계지점에 터를 잡았다.

인적이 드문 골짜기 마을에 열 식구가 한 지붕에서 왁자지껄하게 살았다. 입에 풀칠하기도 힘든 생활은 어른 아이 모두 생활고를 겪어야 했다. 세 살이었던 막내 삼촌까지 고사리손을 보태야 했다. 산을 개간해서 천수답을 만들어야 했고, 돌과 자갈을 골라내어 논과 밭을 개간해야 했다. 한 사람이라도 입을 덜기 위해서 할머니는 자식들을 일찍 분가시켰다. 아버지와 어머니가 혼배를 올리고, 내가 초등학교에 입학하기 전에 그 마을에 산판 사업이 시작되면서 태백으로 이사를 했다.

아버지는 어린 시절 자신이 뛰어놀던 바닷가로 우리 오 남매를 앞장세우고 거닐고 싶어 했다. 탄광촌에서 두세 시간 정도면 그곳에 도착할 수 있었지만 애옥살이로 감히 엄두를 내지 못하는 형편이었다.

휴가철이 되면 여행을 떠나는 이웃들을 무척 부러워했다. 사택의 사람들이 짐을 싸서 산과 바다로 휴가를 떠나면 탄광촌의 사택은 무채색의 정물화가 되었다. 그렇게도 떠들썩하던 사택은 적막에 쌓였고, 우리 가족만이 세상에 덩그렇게 남아 있는 듯했다. 아버지는 사람들이 떠난 그 적막을 몹시 싫어했다.

나는 결혼을 하고서 아버지가 그렇게도 가고 싶었던 가족 여행을 준비했다. 아버지의 고향 마을을 향해서였다. 능력이 되면 제일 먼저 하고 싶었던 일이었다. 봉고차를 빌려서 여덟 식구가 차에 올랐다. 아버지와 어머니, 네 명의 동생들이 타고 남편이 운전대에 앉았다. 해안선을 따라 동해 쪽으로 움직였다. 아버지의 눈은 출렁이는 바다에 머물러 있었다.

아버지를 바라보고 있는 어머니의 눈에 그리움과 뿌듯함이 서려 있었다. 아버지는 오랫동안 그러고 계셨다. 얼굴에는 미소를 가득 머금은 채 내가 알 수 없는 세계에 머물러 있는 것 같았다.

드디어 아버지의 고향에 닿았다. 바다를 향해 하염없이 서 있는 아버지의 뒷모습을 보았다. 홀로 서 있었지만 외롭게 보이지 않았다. 가족과 함께 해서일까. 어린 시절 홀연히 떠났던 고향의 바닷길을 거니는 아버지의 모습은 세상 어떤 모습보다 충만하고 행복해 보였다.

우리 가족은 바닷가 대게 식당으로 들어갔다. 커다란 찜통 안에는 온몸을 쫙 펼친 채 배가 하늘과 마주하고 있는 대게가 보였다. 게는 희붐한 김 속에서 먹음직하게 누워있었다. 아버지는 대게를 너무나 맛있게 드셨다. 세상에 이렇게 맛있는 음식은 없을 거라고 하셨다. 부드러우면서 입에 착착 감기고 담백하면서도 쫄깃한 대게는 음식 중의 음식이라고 하셨다. 그러면서 자신의 입에는 넣지 않고 자식들 입에 들어가는 모습에 흐뭇해하셨다.

우리는 아버지에게 매달려 웃고, 떠들고, 행복한 시간을 보냈다. 일 년에 한 번이라도 시간을 내서 가족이 함께 할 수 있는 여행을 하겠다고 다짐을 했건만 아버지는 이듬해 겨울 세상을 떠나고 말았다.

아버지와 마주 앉아 밥을 먹는 자식을 볼 때나 여행을 함께 하는 가족을 만날 때 나는 그들이 너무나 부럽다. 오늘처럼 맛있는 음식을 먹을 때는 아버지가 유난히 그립다. 지금의 내 나이보다 더 젊은 나이에 아버지가 세상을 떠났으니 얼마나 짧은 생애를 사셨는지 너무나 슬프다.

딱 하루, 아니 한 시간, 십 분이라도 좋겠다. 아버지가 잠시라도 내 눈앞에 나타나서 그렇게도 맛있게 드셨던 대게 다리를 뜯을 수 있는 기회가 한 번이라도 온다면 얼마나 좋을까.

대게는 어두컴컴한 심해에서 극도로 높은 수압을 견디면서 살아가는 생물이다. 아버지도 고향을 떠나 평생을 탄광촌에서 머물며 고된 삶을 살았던 갑각류가 아니었을까. 대게를 먹다 보니 세상에서 가장 맛있는 음식이라고 추켜올리던 아버지 생전의 모습이 자꾸만 떠오른다.

세상을 향한 첫 방

 큰아들이 대학입시에 떨어졌을 때였다. 일 년을 더 공부해서 자신이 원하는 대학교에 가고 싶다고 했다. 집에서 공부하면 좋으련만 아들은 굳이 도시를 고집했다. 급기야 인터넷을 통하여 방을 얻어놨으니 짐만 옮겨달라는 통보를 받았다.
 옷보따리와 이불을 챙겨서 아이가 얻어 놓은 방으로 달려갔다. 몇 시간이나 걸려서 원룸에 도착한 순간 깜짝 놀랐다. 시끄러운 차 소리와 번잡한 거리에 자리 잡은 것도 모자라 네 식구가 발을 다 들여놓지 못할 정도로 좁은 방이었다. 두 평 남짓 될까. 책상과 의자가 절반을 차지하고 있고, 일인용 침대는 책상 한 귀퉁이 밑으로 반쯤 들어가 있었다. 아들이 침대에 누웠더니 몸의 반이 책상 밑으로 들어갔다.

 한 면이 창문으로 된 방은 여름에는 덥고 겨울에는 찬바람이 몰아칠 것 같았다. 삼월이 시작되었건만 방 안은 온통 냉기로 가득했다. 8차선 도로를 끼고 있는 원룸은 아무리 더워도 창문을 열 수 없었고, 칼바람 추위에 따뜻하게 해줄 히터도 없었다.

 끼니가 더 문제였다. 아이는 입맛이 까다로웠다. 뭐든지 잘 먹는 스타일이 아니었다. 음식 한 가지도 맛을 음미하였고, 모양과 색깔도 예사로 보지 않았다. 그런 아이가 학원 시간에 맞춰서 이른 아침에 일어나 밥을 찾아 먹고, 설거지와 청소며 옷가지도 알아서 했다. 부모 그늘 밑에만 살다가 챙겨주는 사람이 없으니 혼자 장구 치고 북도 쳐야 했다. 이것저것 생각하니 여간 염려스러운 게 아니었다.

 혼자 할 수 있겠냐고 몇 번이나 다짐을 받고 돌아오는 차에 올랐지만 발걸음이 천근만근이었다. 내가 처음 직장 생활을 시작했을 때 어머니도 이런 마음이었을까.

 여고를 졸업한 나는 도시로 나와서 회사에 취직했다. 한 달쯤 지났을 때 가까운 곳에 단칸방을 얻었다. 시골에 있는 어머니에게 알렸더니 곧장 기차를 타고 달려오셨다. 짐보따리를 머리에 이고, 양손에 들고 오셨다. 두 평 남짓한 방은 다리도 못 뻗고 새우잠을 자야겠다고 하셨다. 내 방이 생겨서 신이 난 나와 달리 어머니는 이렇게 작은 방은 처음 봤다며 한숨을 내쉬었다.

제일 큰 보따리를 풀자 이불이 나왔다. 어머니가 직접 수를 놓은 홑청에 솜을 넣어 만든 이불이었다. 딸이 취직이 됐다는 소리를 듣고 며칠 동안 정성을 들여서 만들었건만 방이 너무 작아서 이불은 다 펴지도 못하고 반은 접어야 했다.

그날 처음으로 어머니 품에 안겨 오붓한 시간을 보냈다. 동생들에게 일찍 어머니 품을 내준 나는 일찌감치 철이 들었다. 그날만큼은 어린아이가 되어 어머니 팔을 베고 누워서 많은 이야기를 나누었다. 어머니는 "살다 보면 더 큰 방을 갖는 날이 있을 것이다."라고 다독이셨다. 그건 아마 어머니의 소원일 수도 있었고, 맏딸인 나의 앞날이 잘 되길 바라는 마음이었을 것이다.

일 년 사글세는 눈 깜짝할 사이에 지나갔다. 다시 그 방을 재계약했다. 전세로 옮기고 싶었지만 적금 탈 때까지 기다렸다. 회사에서 퇴근을 하고 좁은 내 방으로 들어서면 적막강산이었다. 피붙이 하나 없는 도시에서 갈 곳은 오로지 두 평 남짓한 내 방뿐이었으니까.

가족과 다 함께 살 때는 늘 꿈꾸었던 나의 방이었다. 네 명의 동생들과 한 방에서 지지고 볶고 싸울 때면 온전한 자유를 누리길 얼마나 바랐던가. 새로운 세상 속에서 나만의 젊음을 불태우고 싶었던 적이 한두 번이 아니었다. 막상 내 방을 갖고 나니 동생들이 그립고, 부모님이 애타게 보고 싶었다.

어느 초겨울이었다. 회사를 마치고 집으로 돌아오니 썰렁한 방이 유난히 춥게 느껴졌다. 얼른 번개탄에 불을 붙이고 연탄을 피웠다. 깔아놓은 이불을 덮고 잠시 누웠는데 나도 모르게 스르르 잠이 들었다. 누군가 부르는 소리가 아득히 저 멀리에서 들릴 듯 말 듯 했다.

그때 딸을 시집보냈다며 주인아줌마가 떡을 가지고 와서 문을 두드렸다. 그런데 아무리 일어나려 해도 눈이 떠지지 않았고, 몸도 말을 듣지 않았다. 아줌마는 덜컥 겁이 났다. 바로 119를 불렀고, 달려온 소방대원에 의해 병원 응급실로 실려 갔다. 연탄가스 중독이었다. 내 입과 코에는 산소 호흡기가 꽂혔다.

그 해 겨울을 보내고 새봄이 돌아오자 나는 나의 첫 방을 떠났다. 2년 부었던 적금을 탔고, 좀 더 넓은 방을 구했다. 두 칸짜리 방이었다. 리어카에 짐을 싣고 옮겼다. 처음 방을 얻었을 때보다 짐이 두 배 이상 늘었다. 시골에서 학교에 다니는 동생들을 한 명씩 순서대로 데려왔다. 그러다 보니 나중에는 가족이 모여 살 수 있는 여러 개의 방이 있는 집이 생겼다.

아들의 방을 정리하고 내려오니 옛날 나의 첫 방이 자꾸 궁금하였다. 찾아가 보았더니 도로와 건물이 새로 들어서서 흔적도 없이 사라지고 없었다. 누구에게나 첫 방은 잊지 못할 공간일 것이다. 세상에 처음 발을 디딜 때처럼 첫 방은 설렘이 가득하기 때문이다.

아들은 자신의 첫 방에서 대학교에 입학을 했다. 더 넓은 세상으로 나가기 위해 수없이 많은 방을 거쳐야 하겠지만 내가 그랬듯이 아이도 두 평 남짓한 그 방은 잊지 못하리라.

응어리

 시숙모님이 돌아가셨다. 영정 속 당신의 모습은 바라보는 내 마음이 그래서인지 무표정한 얼굴에 잿빛 구름이 한 겹 더 깔린 듯했다. 가만 생각해 보니 여태 숙모님의 웃는 얼굴을 본 기억이 없다. 표정이 없으니 가까이 다가서기가 어려웠다. 게다가 말투까지 거칠게 느껴졌다. 명절이나 집안의 대소사가 있을 때 인사를 드려도 데면데면할 뿐이었다.
 숙모님이 살고 계시는 근처에 오 남매인 사촌들이 옹기종기 모여 살았다. 그들은 모두가 부모님 댁에 자주 들러서 효를 다하는 것 같아 기특했다. 그중에서도 막내딸은 엄마의 일거수일투족을 세세히 챙겼다.

막내는 숙모가 가장 의지하는 자식이었다. 돈이 없으면 돈을 달라고 했고, 크고 작은 일이 일어날 때마다 막내에게 손을 내밀었다. 혼자 사는 막내딸이 다른 자식에 비해서 자유롭고 편하다는 게 이유였다. 막내딸은 엄마가 부르기만 하면 언제든지 달려갔다.

막내는 숙모님을 지극정성으로 모셨다. 하지만 언제부턴가 마음이 허해왔다. 모든 것을 다해 주고도 고맙다는 말은커녕 늘 돈이 없다는 숙모님의 투정만 들었다. 그녀는 일이 끝나고 아무리 늦은 시간이라도 숙모님의 안위를 살피고 집으로 가곤 했는데 갈 때마다 듣기 싫은 소리만 해서 속이 상했다.

숙모님은 자식들에게 살갑게 대하는 성격이 아니었다. 타고난 성격이 그랬다. 일찍 어머니를 여의고 새어머니 밑에서 어린 시절을 보냈다. 가끔 어렸을 적 숙모님의 이야기를 들을 때면 불행한 유년기를 짐작하고도 남았다. 사랑 한 번 받지 못하고 살았으니 사랑하는 것 또한 서툴렀다. 자식들도 어렸을 적부터 으레 그렇게 받아들였다. 살가운 엄마가 아니고 무뚝뚝하고 무관심한 모습으로만 인지하였다. 그렇다고 남들에게도 그런 것은 아니었다. 주변 사람들에게는 더없이 좋은 이웃이었다.

숙모님이 세상을 떠나기 며칠 전, 막내가 마지막으로 딸에게 할 말이 없냐고 물었지만 입을 꼭 다문 채 아무런 말씀도 하지 않으셨다. 딸이 엄마의 손을 움켜쥔 채 한 번 더 여쭈었다. 실눈을 뜨고 입은 달싹거렸지만 끝내 듣고 싶은 소리는 들을 수 없었다.

막내딸은 너무나 속상했다. "이제까지 미안하고 고마웠다." 딱 한마디 듣고 싶었다. 수십 년 동안 아픈 어머니의 손발이 되었기에, 모든 일 제쳐놓고 달려가 부모님을 모셨기에, 자신에게만은 따뜻한 한마디를 할 줄 알았다. 그러나 숙모님은 끝내 입을 열지 않았다. 화장하는 중에도 제일 서럽게 울던 자식은 막내딸이었다. 가슴에 맺힌 응어리를 풀지 못해 몇 번이고 세상이 떠나가듯 통곡을 했다.

내가 숙모님을 처음 뵌 것은 남편과 결혼식을 앞두고 양가 상견례 자리에서였다. 그때 숙모님은 지금의 내 나이쯤 되었던 것 같다. 큰 덩치와 우락부락하게 생긴 얼굴이 어렵게만 느껴졌다. 상견례 하는 날 숙모님이 나온다는 말은 없었는데 의아했다. 조카가 결혼하는데 숙모까지 나서서 혼수가 시원찮다고 이렇고 저렇다며 들쑤시니 마음이 편치 않았다.

남편과 나는 이미 약속했다. 서로 없는 살림이니 혼수를 생략하고 있는 돈 긁어모아서 전세를 마련하자고 입을 맞추었다. 그 속내를 숙모님이 알 턱이 없었다. 시골에서 어렵게 도시의 대학까지 나온 조카에게 예단을 많이 하지 못한 질부가 내내 못마땅했을 것이다. 언약의 증표로 나누어 끼었던 실반지를 되돌려 주고 싶은 심정이었다.

며칠 후 숙모가 살고 있는 B 도시로 찾아갔다. 혼수를 많이 하지 못한 내가 무조건 잘못했다는 용서를 빌었고, 결혼해서 시어른들께 잘하면서 살겠다는 인사를 드렸다. 마음이 내키지 않았지만 내가 편하자고 했던 걸음이었다. 하지만 숙모를 뵐 때마다 첫 만남을 가졌던 좋지 않았던 기억들이 떠올랐다.

돌아가시기 이틀 전에 숙모가 입원해 있는 병실로 찾아갔다. 침대에 누워 계시더니 잠시 눈을 뜨면서 "왔나?" 한마디 하고는 다시 침대에 누우셨다. 그러고는 우리가 떠나올 때까지 계속 눈을 감고 계셨다. "질부야 미안하다. 그때는 내가 생각이 짧았다." 나도 그 말 한마디 듣고 싶었다. 하지만 숙모님은 아무 말씀이 없으셨다. 집으로 돌아오는 발걸음이 무거웠다.

나는 죽음을 맞이했을 때, 실타래처럼 엉킨 마음은 풀고 가고 싶다. 그래야만 남은 사람이 편안하게 살 수 있을 것 같다. 이 세상에 왔다가 저세상으로 가면서도 끝맺음을 잘하고 가는 게 남은 사람의 마음을 편하게 할 수 있지 않을까 싶다.

마음 아프게 했던 응어리를 덜어주고 떠난다면 아름다운 마무리가 되지 아닐까. 하지만 숙모님의 입장에서는 그 기억은 퇴색한 지 오래되었고, 기억조차 나지 않았을지도 모르겠다. 장지에서 사진 속 무표정한 얼굴을 보는 순간 그런 생각이 들었다.

젊은 날의 표상

　큰아이는 세 살 무렵에 군대에 가지 않겠다는 말을 했다. 옆집에 휴가 나온 군인한테 힘들고 어렵다는 소리를 들었기 때문이었다. 아직 말도 제대로 못하는 어린아이가 하는 말이니 그냥 웃으며 넘겼다. 중·고등학교 다닐 때도 입버릇처럼 군대에 가지 않겠노라며 노래를 했었다. 젊은 선생님의 혈기왕성한 군대 이야기와 가스 체험담을 듣고 아이는 겁에 질렸던 것이다. 그때는 사춘기였으니 시간이 지나면 괜찮아질 거라고 여겼다.
　서울에서 대학교를 다니던 아이는 방학 때마다 소식이 없었다. 방학이 되면 중국으로, 일본으로, 대만으로 떠났다. 가는 전날 문자만 달랑 남기고 목소리도 들려주지 않았다. 아들이 군대

가기 싫어서 도피한다고 생각했다.

　대한민국에서 태어난 남자는 4대 의무 중 하나인 병역의 의무를 다해야 당당하게 살아갈 수 있다고 한다. 또 제때 군대 가지 않으면 몇 배나 더 힘들고 고생이 심하다며 걱정해 주는 주변 사람도 있었다. 아이가 군대 간다는 소식이 없으니 부모로서 답답한 일이었다.

　입대할 나이가 한참 지났는데도 아들은 군대 얘기는 꺼내지도 못하게 했다. "군대는 언제 갈래?" 하고 물으면 "알아서 할게요." 하는 대답만 했다. 아들이 하기 싫어 하는 일을 나라도 대신하면 답답한 마음이 가라앉을 것 같았다.

　졸업하기 달포 전, 아들은 또다시 미국으로 배낭여행을 떠났다. 여행 가기 몇 주일 전에 운전면허를 땄고, 바로 국제면허로 바꾸었다. 치밀하게 계획도 세우고 여행 준비도 했다. 그때도 아이는 여행 간다는 소식을 하루 전날 알렸다. 나는 여행 걱정보다는 오매불망 군대 걱정만 앞섰다.

　아들은 여행하는 동안 차를 렌트해서 다녔다. 낯선 곳에서 적응도 잘했다. 또래의 학생들을 만나 대화를 나누었고, 한류에 관심이 많은 친구들을 만났을 때는 가슴이 벅찼다는 소식을 전해 왔다. 그들도 이십 대에 겪는 고민을 자기와 똑같이 하고 있었고, 취업 걱정도 매한가지라고 했다.

　그러다 갑자기 연락이 끊어졌다. 여행을 떠난 지 열흘이 지났을 무렵이었다. 무슨 일이라도 생겼으면 어쩌나 하고 눈과 귀와 모든 신경은 온통 전화기에 쏠렸다. 문자로 연락을 해도 메일을 보내도 감감무소식이었다.

며칠 후 아이에게서 연락이 왔다. 그곳에서 찍은 사진이 카톡 소리를 내며 순서대로 진열되었다. 미국 동부에서 서부까지 자전거를 타고 일주를 했다고 했다. 휴대폰이 고장이 나서 연락할 수 없었다며 멋쩍은 웃음 하트를 날렸다.

아이에게 용돈 한 푼 보태 준 적이 없었다. 아이는 학교에 다니면서 행정실 근로 장학생으로 일하면서 돈을 모았다. 그 돈이 모이면 세계 각국을 다녔고, 다양한 친구를 만났고, 인맥을 쌓았다. 그 인맥은 입국하기 며칠 전에 효과를 봤다.

아이는 여행 도중 도시 한복판에서 지갑을 잃어버렸다. 낯선 도시에서 돈 한 푼 없으니 앞이 캄캄했다. 옴짝달싹할 수 없는 상황이었다. 그때 생각나는 친구가 있었다. 중국에서 교환학생으로 있을 때 미국인 친구들을 만났다. 그 친구들에게 한 명 한 명 연락을 했더니 모두가 미국에 있지 않고 다른 나라에서 공부를 하거나 여행 중이라고 했다. 한 친구가 자신의 친구를 소개해 주면서 찾아가라고 했다.

아들은 주소를 들고 친구의 친구를 찾아갔다. 낯선 친구의 부모님은 시내 한복판에서 약국을 경영하고 있었다. 인사를 드리고 그날 친구의 집에서 식사를 하는데 고개를 들 수가 없었다.

밥 먹을 때도 잠잘 때도 마찬가지였다. 돈 한 푼 없이 얻어먹으려니 면이 서지 않았다. 공짜로 얻어먹고 있어야 하는 아이의 심정을 눈치 챈 친구의 부모는 약국의 서류 정리와 청소하는 일을 시켰다.

다음날, 아침 식탁에서 친구의 부모님이 너는 일을 했으니 밥 먹고 잠잘 수 있는 권리가 있으니 어깨를 쫙 펴고 마음 편하게 머물다 가라고 하셨다. 아이는 그곳에서 많은 사람을 만났다. 새로운 일꾼이 들어왔냐는 인사도 들었고, 반갑다고 악수를 하자고 손을 내미는 사람도 있었고, 청소하는데 같이 해 주겠다는 또래의 친구도 만났다. 아마 백인종과 흑인종의 중간인 피부 색깔을 본 사람들의 호기심이 발동하지 않았을까.

아이는 부지런하게 일을 했고, 손님이 들어올 때마다 허리를 숙여 예의 바르게 인사하니 사람들이 모두 좋아하더란다. 약국에서 4일간 머물렀던 아들은 한 달간의 배낭여행을 끝내고 비행기에 올랐다.

"어머니, 저 다음 주에 군대 가요."

공항에 도착하자마자 입대 통보를 받았다는 아들의 목소리가 전화선을 타고 들려왔다. 그 한마디에 나는 가슴이 내려앉는 줄 알았다. 그렇게 가기 싫고, 가지 않겠다고 노래를 부르던 아이가 입대한다는 소리가 얼마나 반갑던지. 꽉 막혀 있던 논두렁의 물꼬가 확 트이는 기분이었다.

자유분방한 아들이 군대에 가면 제대할 때까지 자유로운 몸이 될 수 없으니 무작정 떠났던 여행이었다. 아들이 군에 들어간 지 벌써 몇 달이 흘렀다. 39개월의 긴 복무 기간을 채워야 제대를 한다. 군대에 가지 않겠다던 어린 아들의 모습을 떠올리면 지금의 저 늠름함과 씩씩함은 대조적이다. 제대를 하려면 긴 시간이 남았지만 나는 숙제를 끝낸 기분이 든다.

아드린느를 위한 발라드

 외출에서 돌아와 현관 앞에 멈추어 선다. 신발을 벗으려 할 때 집 안에서 들려오는 피아노 소리를 들었기 때문이다. 고등학교 3학년인 둘째 아이가 입시 공부에 매달려 매일 어깨가 처져 있었는데 오늘은 어쩐 일인지 피아노를 치고 있다. 흐름을 끊지 않으려고 그 자리에서 귀를 기울인다.
 아이가 초등학교에 입학할 무렵이었다. 옆집에 놀러 갔다 온 후 갑자기 피아노를 배우고 싶다고 졸라댔다. 건반을 두드리는 친구의 모습이 보기 좋았던 모양이었다. 다음날부터 아이는 피아노 학원에 다니기 시작했다.
 배움의 진도는 느렸다. 몇 년을 연습했지만 바이엘에 머물러 있었다. 학원에 다니기 싫거든 그만 다니라고 했더니 오히려 피아노를 사 달라고 했다. 집에 피아노가 있으면 연습도 많이 하고 눈에 띄게 잘 칠 수 있다고 졸랐다. 남자아이라서 계속 칠 거라는 생각은 하지 않았다. 중학생이 될 때까지 배운다면 사주겠다며 달랬다. 그런데 뜻밖에도 아이는 초등학교 졸업할 때까지 꾸준하게 악보를 들고 피아노 학원에 다녔다.

중학교에 들어가던 해에 약속대로 생일 선물로 피아노를 사주었다. 그 무렵 아이는 클라리넷까지 배우고 싶다고 했다. 피아노에만 집중하라고 설득해도 소용없었다. 친구들과 어울려 피아노 연주를 했고, 밤새도록 클라리넷 연습에 몰두했다. 이삼 년이 지나자 클라리넷을 다루는 동작이 많이 유연해졌다.

이듬해 벚꽃이 피는 봄날이었다. 담임선생님이 결혼한다는 소식을 알렸다. 선생님은 결혼식 날 합주를 해 줄 수 있냐고 하셔서 친구들과 몇 날 며칠 연습을 했다. 식장이 떠나가도록 연주를 했는데 선생님은 결혼식이 끝나고 너무나 만족해하셨단다.

아이는 음을 듣는 청각이 뛰어났다. 어디선가 들려오는 음률을 듣고 좋다 싶으면 컴퓨터로 다운로드하여서 바로 연습을 하곤 했다. 오랫동안 연습이 끝나면 내게 들려줬다.

어느 해 가을이었다. 만학도로 대학을 다니면서 초등학교에서 독서지도를 할 때였다. 시골 학교에서 처음 시도하는 독서 수업이어서 전교생이 다 몰려왔다. 수업 경험이 없었던 나는 가르치는 노하우가 없었다. 그러다 보니 수업 준비에 많은 시간을 할애했다. 틈을 내어서 책을 읽고, 글을 쓰고, 내용 전달을 위해서 공부하다 보니 늘 파김치가 되었다.

그날도 어깨가 처져 있었다. 학생들을 가르치고 나면 기가 다 빠지는 것 같았다. 집에 돌아오면 긴장되었던 마음이 풀어져서 녹초가 되었다. 그때 학교에서 돌아온 아이가 충혈된 나의 눈을 보고는 아무런 말도 건네지 않고 피아노 앞으로 다가갔다.

피아노의 맑은 울림이 방안에 가득 퍼졌다. '아드린느를 위한 발라드'였다. 잔잔한 음악소리에 감동이 일었다. 아이가 치는 피아노 소리를 듣자니 순식간에 허기가 사라졌다. 서너 살 적에 아이의 재롱을 보면서 평생 받을 보상을 다 받았다는 생각을 했었는데 또 한 번 감동을 주었다.

피아노를 치던 녀석이 힐끗 돌아본다. 현관 앞에서 귀 기울이고 있던 어미를 의식한 모양이다. 아이와 눈이 마주치자 내 얼굴에 미소가 번져난다.

기억 속의 슬픔

　여든의 중반을 건너고 있는 외할머니가 요양원으로 들어가셨다. 자식이 몇 명이나 되었지만 당장 모실 사람은 한 사람도 없었다. 맏딸인 친정어머니는 불효자라며 가슴을 치셨다. 하지만 마땅한 대안이 없었다. 외할머니를 보내고 한동안 우울해 하던 어머니에게서 전화가 왔다. 어머니는 외할머니를 모셔야겠다고 단호하게 말씀하셨다.
　요양원에서 짐을 꾸리던 날, 할머니 얼굴에 서광이 비췄다. 대화 상대가 없어 늘 피붙이들을 그리워하던 할머니는 친정에서 한솥밥을 먹게 되자 너무나 행복해 하셨다. 어머니도 옛이야기를 나누며 한시름 놓았다.

할머니가 친정에 온 지 얼마 되지 않았을 때였다. 주무시다가 헛소리를 하셨다. 낯선 사람들과 생활하느라 힘들었던 탓일까. 가끔씩 정신줄을 놓았다가 다시 돌아오곤 했다. 젊은 사람도 깜빡할 때가 있으니 그러려니 했다. 그러다 나를 보고 뜬금없이 "누구래요?" 그러셨다. 처음엔 농담으로 그러는 줄 알았다. 그게 아니었다. 내가 손을 잡고 큰손녀라고 해도 도통 모르는 사람인 것처럼 눈만 끔벅거리셨다. 할머니를 모시고 병원에 갔더니 의사는 치매가 시작되었다고 했다.

치매가 온 후부터는 어머니가 일하러 간 사이, 할머니 식사를 챙기는 것은 내 몫이 되었다. 기저귀를 갈아주고 상태가 어떤지도 수시로 살펴봐야 했다. 기저귀를 하지 않으려고 발버둥치는 할머니와 기저귀를 채우려는 내가 뒹굴다 보면 둘 다 콩죽 같은 땀이 흘렀다.

겨울의 문턱에 들어섰을 때였다. 할머니는 밤사이에 몸이 많이 아팠는지 유난히 지쳐 보였다. 눈에 초점을 잃은 것 같았다. 차고 있던 기저귀는 어디에 감췄는지 흔적도 없었고, 검붉은 핏덩이가 이불에 엉켜 있었다. 방 안 가득 퍼지는 비릿한 냄새 때문에 마스크를 해도 구역질이 났다. 기저귀를 채우려고 할머니를 눕혔지만 어찌나 완력이 센지 내 힘으로는 어찌할 방법이 없었다. 추한 모습을 나한테 보이기 싫어하는 듯했다.

다음 날, 아이들을 등교시키자마자 친정으로 향했다. 양쪽 베란다에는 어머니가 세탁한 이불들이 바람에 흔들리고 있었다. 할머니는 방 모서리에 앉아 계셨다. 잠시 정신이 돌아왔는지 나를 알아보셨다. 전날 할머니와 실랑이를 벌이다가 핏덩이 이불을 그대로 덮어둔 채 달아난 것이 후회가 되었다.

나는 어렸을 적에 외갓집에서 살다시피 했다. 다섯 살 되던 겨울이었다. 외할아버지 생신이 다가오자 며칠 전부터 도포자락 휘날리며 갓을 쓰고 오신 친인척분들이 사랑방에 머무르셨다. 할머니는 가마솥에 옥수숫가루로 조청을 달였고, 맷돌에 콩을 갈아서 두부도 만드셨다. 유과며 단술을 만들었고 손님 접대를 하느라 눈코 뜰 새 없이 바빴다.

그 와중에 어린 나는 홍역에 걸렸다. 열이 펄펄 끓었고, 붉은 반점의 두드러기가 온몸에 꽃을 피웠다. 군불을 넣은 아랫목에 누워 있으라는 말은 들리지 않았고, 할머니의 치맛자락을 붙들고 따라다니며 칭얼거렸다. 종종걸음을 치던 할머니는 징징거리는 나를 등에 업고 몇 날 며칠을 노심초사하셨다. 그때 할머니는 기운 없이 늘어진 나를 보고 애면글면하시며 눈물을 보이셨다.

중학교 2학년 때였다. 여름 방학을 외갓집에서 보내고 개학하기 며칠 전이었다. 비가 억수로 퍼붓더니 태풍이 몰려왔다. 불어난 냇가에 길은 끊어지고 콘크리트 다리 위로 쏜살처럼 흐르는 물은 짐승의 포효하는 형국이었다. 등교는 코밑에 다가왔고, 비는 그칠 줄 모르고 내 마음은 타들어갔다. 학교에 가지 못할까봐 걱정되어 밤새 뒤척였다. 비는 오락가락했고, 큰물은 여전히 모든 것을 삼킬 듯 넘쳤다.

할머니는 산길로 돌아가자며 이른 새벽, 나를 깨우셨다. 산을 넘고 넘으면 늦은 밤쯤에는 우리 집에 도착할 수 있다고 하셨다. 아직 산허리의 반도 오르지도 못했는데 목까지 혁혁 숨이 찼다. 가끔 비가 내렸고, 그 비가 그치면 먹구름이 몰려왔다가 사라지곤 했다. 햇살 한 줌도 나타났다가 이내 숨곤 했다. 할머니와 나는 벌써 몇 개의 재를 넘었는지 모른다.

가슴은 따가웠고, 온몸이 나른하자 다리도 후들거렸다. 소나기가 한차례 퍼붓자 겉옷은 물론이고 속옷까지 다 젖은 상태였다. 우산은 들었지만 아무런 소용이 없었다. "할머니 아직 멀었어?" 하고 물으면 할머니는 조금만 가면 된다고 하셨다. 조금 가다가 또 여쭈면 돌아오는 대답도 한결같았다. 산길은 가파르고, 비는 연신 퍼부었고, 눈도 제대로 뜰 수 없는 상황이었다.

어느새 나는 기진맥진한 상태가 되었다. 맥없이 걷다 보니 다리가 풀렸고, 움푹 파인 길 위에 빠지면서 중심을 잃었다. '아차!' 하는 순간이었다. 나는 데굴데굴 굴러서 수십 미터 아래로 나뒹굴었다. 온몸은 멍투성이고, 얼굴이며 팔다리는 돌멩이에 부딪혀서 피가 줄줄 흘렀다. 아득하게 할머니의 목소리가 들렸다.

나를 흔들어 깨우는 울음 섞인 목소리에 눈을 떴다. 희미하게 보이는 얼굴이 나타났다 사라졌다. "우리 손녀 살았구나." 할머니는 나를 껴안고 소리 내어 우셨다. 다 키운 외손녀를 잃을 뻔했다며 통곡을 하셨다. 빗물인지 핏물인지 범벅이 된 내 얼굴에 할머니는 얼굴을 갖다 대고 하염없이 울음을 토해냈다.

그날의 애틋하던 기억을 떠올리며 묵묵히 목욕통에 물을 받았다. 오랜만에 목욕을 시켜드리기 위해서였다. 할머니는 따뜻한 물속에서 행복해하셨다. 미소 짓는 얼굴이 해맑았다. 등을 밀고 가슴과 팔, 다리를 씻겨 드렸다. 가슴은 바싹 달라붙었고, 뼈만 앙상하게 남아 있었다. 할머니는 죽을 고비를 몇 번이나 넘긴 나를 안고 살리느라 안절부절못하셨는데 나는 핏덩어리 이불을 그대로 두고 집으로 도망쳐버렸으니 만회라도 하듯이 온몸을 구석구석 닦았다.

할머니의 몸이 언제 이렇게 작아졌을까. 나를 업고 끌어안았던 할머니는 나보다 훨씬 작아진 채 내 품속으로 쏙 들어왔다. 그날 몸이 개운했던지 죽 한 그릇 다 드시고는 평온하게 잠자리에 들었다.

다음날 새벽, 전화벨 소리가 요란하게 들렸다. 할머니가 돌아가셨다는 어머니의 전화였다. 눈물이 왈칵 쏟아졌다. 명치끝이 눌리는 것처럼 따가웠다. 나의 유년 시절에 함께 웃고 울었던 할머니, 그리워도 볼 수 없는 먼 곳으로 떠나셨다. 슬픔이 오랫동안 내 가슴속에 머물러 있었다.

엄마와 출근길

"엄마, 출근 준비 다 했어요?" 나는 매일 아침, 친정 엄마에게 출근 준비를 다 했냐고 전화를 한다. 전화를 받은 엄마는 내 차 앞에서 기다리고 있으니 빨리 내려오란다. 같은 아파트 다른 동에 살고 있는 엄마와 나는 출근 시간이 같다.

엄마는 학교에서 일을 한다. 학교에 도착한 엄마가 하는 일은 작업복을 갈아입고, 청소하는 일이다. 오전에 몇 시간 청소하는 일을 하지만 아이들에게 좋은 할머니 역할도 한다. 싸우는 아이들을 말리는가 하면, 쓰레기를 줍거나 인사를 잘하는 아이들에게는 칭찬을 아끼지 않는다. 아이들은 엄마의 팬이다. 가끔 아이들로부터 감사의 편지도 받는다.

수십 년 전 초겨울, 아버지가 마흔아홉에 세상을 떠나셨다. 엄마와 어린 오 남매가 걱정되었던지 아버지는 쉽게 눈을 감지 못했다. 심장이 멎은 뒤에도 눈을 뜨고 계셔서 엄마가 아버지의 뜬 눈을 손으로 덮어드렸다.

엄마는 해방둥이였다. 광복이 되던 해에 태어나서 6.25가 터지던 해에 초등학교 입학만 하고선 학교에 다니지 못했다. 북한군이 기습적으로 동네까지 침공함으로써 엄마는 학교와 멀어졌다. 열아홉에 아버지를 만나 혼배를 올린 후 자식을 낳아 키우느라 애당초 엄마의 삶은 없었다.

아버지가 갑작스럽게 세상을 떠나신 후, 엄마의 삶은 엄동설한의 하루하루였다. 겨울의 한복판에 서서 옴짝도 할 수 없을 정도로 혹독했다. 엄마는 세상 물정 모르고 아버지와 오 남매 뒷바라지만 하면서 살았다. 까막눈이었던 엄마에게 세상은 버티고 살아가기엔 너무나 잔인했다.

엄마는 아버지를 잃고 슬퍼할 겨를이 없었다. 매일 새벽에 일어나 다섯 개의 도시락을 싸 놓고 자식들 입에 풀칠하기 위해 세상 밖으로 나가야 했다. 우리 오 남매를 굶기지 않기 위해서 동분서주 움직였다. 더군다나 글자를 모르는 엄마가 할 수 있는 일은 공사판과 식당이 전부였다. 남자도 힘든 아파트 공사판에서 무거운 벽돌을 등에 지고 날라야 했고, 생선을 머리에 이고 길거리를 기웃거렸다. 엄마는 지난한 삶의 무게를 견디며 참고 또 참으면서 묵묵히 일을 했다. 삶은 고단한 계단이었다. 오르고 올라도 끝이 보이지 않는 나선형 계단이었다.

우리 오 남매는 엄마의 억척같은 삶을 보면서 자랐다. 아버지가 돌아가시고 땟거리가 없어서 굶는 날이 허다했지만 엄마의 헌신적인 자식 사랑에 한 번도 절망을 품지 않았다. 엄마는 오로지 희망을 붙들고 살았다. 그렇게 살았던 엄마 얼굴은 늘 맑은 날이었다.

나이가 들면서 우리는 한 명씩 결혼을 했다. 아무것도 못해준 엄마는 가슴이 미어졌다. 하지만 딸 넷을 결혼시킬 때까지 한 번도 눈물을 보이지 않았다. 오히려 딸들에게 엄마 품에서 잘 떠나간다고 덩실덩실 춤이라도 출 기세였다. 그런 엄마의 모습은 낙천적이어서 가능했다.

막내인 남동생의 결혼식이 끝나고 엄마는 하염없이 눈물을 흘렸다. 그동안 참았던 눈물이 쏟아져 내렸다. 딸 넷을 시집보낼 때는 한 번도 보이지 않던 눈물이었다. 혼자서 오 남매를 다 키워 떠나보냈으니 숙제를 다 끝냈다는 행복한 눈물이었다.

엄마는 어느 날 학교에서 일하다가 교실 안을 들여다보게 되었다. 아이들이 공부하는 모습에 행복한 마음이 들었다. 그 옛날 6.25가 터져서 학교에 다니지 못한 아쉬움을 공부하는 아이들을 보면서 달랬다. 하지만 하루가 지나고, 한 달이 지나고, 일 년이 지나도 그 공허함이 채워지지는 않았다.

가을이 깊어가던 어느 날, 엄마는 글을 배워야겠다는 생각이 들었다. 문구사에서 칸이 새겨진 공책 여러 권을 사 오셨다. 거기에 글자를 써 달라고 했다. 엄마 이름과 동생들, 손자 손녀 이름을 노트 맨 윗자리에 적어 드렸다. 일주일 걸려서 노트 한 권을 빽빽하게 그려 오셨다. 나는 노트에 '참 잘했어요.' 스티커를 붙였다. 엄마는 다른 노트를 내밀며 또 적어 달라고 하셨다.

이번에는 주변의 꽃과 나무와 사물의 이름을 적었다. 또 일주일이 걸렸다. 비뚤비뚤 쓴 글자는 지렁이가 굴러가는 것 같았다.

글공부가 마음대로 되지 않아서 주저앉고 싶을 때도 있었지만 한 번도 포기하고 싶지는 않았다. 글자를 쓰는 손에 힘이 가해져서 팔이 떨어져 나갈 것 같았다. 방금 읽었던 글자도 돌아서면 잊어버리기 일쑤였다.

엄마는 오전에 출근을 해서 일을 하고, 오후에 친구들을 만나러 나갔다. 땅거미가 짙어질 무렵, 집으로 들어와 저녁을 해 드시고는 또 글자를 그렸다. 하루도 쉬지 않고 텔레비전도 끈 채 읽고 쓰기를 반복했다.

그러구러 여러 날이 지났다. 하루는 우리 집에 와서 아이들이 읽었던 동화책을 달라고 하셨다. 한 권씩 한 권씩 가져가신 동화책은 엄마의 집에서 또 다른 친구가 되었다.

엄마는 매일 동화책을 읽고 글자를 따라 썼다. 그러다가 어느 순간 "내가 눈을 떴다. 내가 심봉사처럼 눈을 떴어." 하시면서 기뽐의 눈물을 흘렸다. 소리 없이 흐르는 이슬방울이 엄마의 눈에 대롱대롱 달려있는 모습에 나도 코가 시큰거리면서 눈물이 쏟아졌다. 지금껏 아픈 곳 없이 옆에 있는 것만도 감사한데 동화책까지 줄줄 읽으면서 즐거워하는 엄마가 자랑스럽다. 매일 아침, 엄마가 들려주는 동화를 들으면서 나는 엄마와 행복한 출근길을 맞는다.

낚시에 빠지다

 몇 년 전, 포도 수확이 끝나고 찬바람이 불어올 즈음이었다. 이웃 농부가 드넓고도 푸른 바다에 낚시하러 가자고 찾아왔다. 그는 바다낚시에 필요한 도구들을 남편에게 내밀었다. 처음 낚싯대를 물리던 날, 고기는 한 마리도 잡지 못했지만 그때부터 바다낚시를 다니기 시작했다.

 일이 끝나고 집에 오면 숟가락을 놓기 바쁘게 유튜브에서 낚시하는 법을 검색하곤 했다. 어느 날은 한밤중에 잠이 들었는가 싶었는데 사라졌고 또 어떤 날은 해가 서쪽으로 기울 무렵에 동해로 달아나기도 했다. 마치 사랑하는 여인에게 빠진 바람난 남자의 뒷모습 같았다.

바깥에서 하룻밤도 못 자던 그가 밤을 꼴딱 보내고 들어오는 날이 잦아졌다. 그는 분명 바람이 났다. 늦게 부는 바람이 센바람이라고 하더니 정말 그랬다. 시도 때도 없이 낚시 보따리를 챙겼다.

새벽에 나갔던 그가 어둠이 짙어질 무렵 집에 도착한 모습은 상거지가 따로 없었다. 나갈 때는 멀끔하게 나갔건만 딴사람이 되어서 들어왔다. 엉덩이는 옷이 찢어져서 너풀거렸고, 잠바는 꼬질꼬질 하다못해 주워 입은 모양새였다. 다크서클이 선명하게 그어진 얼굴에는 거미줄을 쳐놓았고, 머리카락은 몇 채의 새집을 지어놓았다.

그이의 행동에 적응이 되지 않았다. 삼십 년 이상을 함께 살면서 바깥으로 눈을 돌린 적이 한 번도 없었던 그였다. 가정적이다 못해 답답하기 이를 데 없는 사람이었다. 퇴근하면 집밖에 몰라서 나는 친구들과 놀다가도 저녁을 지으러 종종걸음을 쳤고, 외식이란 모르고 살았다. 하루 세 끼 밥을 차려야 했고, 간식도 수시로 챙겨야 했다.

친척들의 결혼식과 장례식, 친구와 선후배 혼사 때도 늘 같이 다녔다. 벌초하러 갈 때는 물론이고, 시어머니 뵈러 갈 때도, 시댁의 크고 작은 행사에 늘 나를 앞장세우곤 했다.

바깥일이 끝나고 집에 오면 저녁을 먹고 산책을 나가자고 하던 사람이었다. 그러던 그가 휴대폰 속의 바닷속 여인만 들여다

보지를 않나, 그렇게 좋아하던 등산을 가자고 졸라도 못 들은 체하고, 틈만 나면 넓고 푸른 바다로 달려가는 모습이 낯설기만 했다.

오늘도 남편이 '만선도'라는 섬으로 떠났다. 이웃 농부들과 함께였다. 남편이 운전하는 차에 오른 그들은 하나같이 들떠 있었다. 전날 밤 한숨도 이룰 수 없었다며 즐거워했다. 마치 바다에 있는 고기들이 낚시에 몽땅 걸린 듯 행복한 표정을 지었다. 차에 앉은 남편이 시동을 걸자 모두가 바깥으로 환한 얼굴을 내밀며 내게 손을 흔들었다.

이번 여행은 일주일간 바다에서 낚시를 드리운다고 했다. 바다 한가운데서 종일 아무것도 낚지 못해도 세상 근심 다 잊은 듯 평온하기 이를 데 없단다. 사람들한테서 받는 스트레스를 푸는 방법이 최고란다. 한 마리도 못 낚을 때는 하염없이 바다만 바라보면서 머릿속을 비우는데 그만이라고 했다.

헤밍웨이의 '노인과 바다'에서 소설의 주인공 어부는 희망을 버린다는 것은 어리석은 짓이라고 했다. 그는 망망대해에서 닷새 동안 벌어졌던 삶의 치열함과 따뜻한 인간애의 모습을 그렸다. 노인은 부상을 입고 굶주리면서도 물고기를 지키기 위해서 포기하지 않았다. 우리의 삶도 마찬가지일 것이다. 어떤 힘든 일이 있어도 희망을 안고 산다면 끝내는 목표를 이룰 수 있지 않을까.

돔 한 마리를 잡기 위해 사투를 벌이는 동안 남편은 마치 소설 속의 주인공이었다. 낚시에 잡힌 고기와 한참 동안 기싸움을 하는 것은 세상과의 밀고 당기는 줄다리기가 아닐까. 펄떡펄떡 뛰는 돔 한 마리를 어렵게 잡아 회 한 접시 떠서 초장에 찍으면 세상에서 부러울 게 없다고 했다.

 가끔은 낚시에 너무 빠진 그를 말리고 싶다. 하지만 나이가 더 들면 가고 싶어도 못할 테니 어쩌겠는가. 그때는 다리에 힘이 빠져서 가고 싶어도 갈 수 없으니까 마음이 하고 싶은 대로 하면서 살도록 내버려둬야겠다. 계절이 백 번도 더 바뀌는 동안, 가족을 먹여 살리느라 취미 하나 없이 살았던 그가 이제 딱 맞는 상대를 찾았으니 말릴 수 없는 일이다. 오늘도 그는 넓고도 푸른 바다 여인의 품에 안겨 있다.

그들의 사랑법

 큰아이가 사귀던 여자 친구와 헤어졌다. 서로가 맞지 않는다는 게 헤어진 이유였다. 너무나 쿨하다. 우리가 연애할 때는 한 번 사귀면 당연히 결혼하는 것으로 알았다. 그 모습을 보니 요즘 젊은 아이들의 사랑법이 보수적인 나는 이해가 되지 않는다.
 오래전, 여고생 때였다. 학교에서 귀가하던 길이었다. 버스에서 내릴 때부터 낯선 여자가 뒤따라 왔다. 짧은 스커트에 높은 구두를 신은 여자는 옅은 보라색 블라우스를 입고 흰 꽃무늬 스카프를 매고 있어서 여간 세련된 모습이 아니었다. 거기다가 탄광촌에서는 찾기 어려운 박꽃처럼 하얀 얼굴이었다. 눈이 둥그레져서 힐끗거리고 있는데 갑자기 나를 불렀다.

여자와 눈이 마주쳤다. 그녀는 사진을 내밀며 이 남자를 아냐고 물었다. 사투리 쓰는 내 투박한 말과 달리 그녀는 살가운 목소리에 애교가 넘쳐났다. 세련된 그녀가 누추한 탄광촌에서 광부로 일하는 한 남자를 찾으니 처음에는 의아했다. 찾는 남자는 사택에서 아들이 많기로 소문난 집의 장남이었다.

그는 우리 집에서 조금 떨어진 아랫동네에 살고 있었다. 남자의 집에 도착한 그녀는 집을 한 바퀴 둘러보았다. 탄광촌의 사택은 그야말로 허술하기 그지없었다. 그녀는 남자가 태어나서 살고 있는 흔적을 샅샅이 훑어보았다. 남자는 키도 크고, 인물도 좋았고, 예의 바른 청년이었다.

그는 9남매의 장남이었다. 동생들의 아버지나 다름없었다. 서울에 있는 학교에 합격했다는 소문을 들었을 때 동네 사람들은 장하다고 입을 모으며 사택으로 들어오는 입구에 플래카드도 걸어줬었다. 아르바이트로 틈틈이 일을 하면서도 공부를 잘해서 전액 장학금을 받고 학교에 다녔다. 그가 졸업하던 해 봄날이었다. 아버지가 막장에서 일하다가 갑자기 쓰러졌다. 잠시 다니러 왔던 그는 어머니마저도 지병으로 쓰러져서 부모님을 두고 서울에 갈 수가 없었다.

그들은 캠퍼스 커플로 만났다. 남자가 급한 전화를 받고 떠났는데 몇 날 며칠 소식이 없자 그녀는 가방 하나만 매고 남자를 찾아온 것이다. 그녀는 서울 토박이었다. 서울에서 태어나 E여대

경영학과를 나온 신여성이었다. 무남독녀였으며, 부모님 밑에서 아무런 어려움 없이 부유하게 살았다. 아버지가 경영하는 회사를 물려받기 위해 대학을 졸업하자마자 직원으로 채용되어 일을 배우기 시작했다. 그녀의 말하는 태도와 행동하는 모습에서 능소화의 품위가 드러났다. 차를 마시는 도중에도 흐트러진 모습을 볼 수가 없었다. 하얀 칼라의 까만색 교복을 입고 있던 나는 단아하고도 성숙된 모습이 부러웠다.

그녀는 좁은 공간의 사택에 눌러앉았다. 서울로 갈 생각이 없는 것 같았다. 비좁은 사택의 누추한 집에서 머물러 있는 게 대단했다. 낯선 환경이었지만 사랑하는 사람과 함께여서인지 잘 버텨나가는 듯했다. 사람은 부딪히며 살아야 사는 맛이 난다며 살포시 웃기까지 했다. 열 식구가 넘는 뒷바라지에 몸은 소금에 절인 배추처럼 늘어졌지만 얼굴엔 웃음이 가득했다.

달포가 지났을까. 그날도 학교를 파하고 집으로 오던 길이었다. 길모퉁이에 낯선 승용차 두 대가 서 있었다. 그 옆에는 깍두기 머리를 한 우락부락한 남자가 장승처럼 서 있었다. 결혼을 반대하는 그녀의 부모가 사람들을 데리고 찾아온 것이다. 도살장으로 끌려가듯이 그녀는 부모의 손에 이끌려 탄광촌을 떠났다.

며칠이 지났을까. 홀쭉한 모습으로 그녀가 다시 나타났다. 소식이 궁금했던 나는 너무나 반가워서 하마터면 끌어안을 뻔했다. 부모의 반대를 무릅쓰고 다시 도망쳐 나온 그녀는 그전보다 야위어 있었다.

　엄마 심부름으로 슈퍼에 갈 때였다. 두 사람이 싸우고 있었다. 남자는 여자가 고생하지 말고 당장 서울로 가라고 했고, 여자는 죽으면 죽었지 떠나지 않겠다고 했다.

　여자는 많은 식구에 부대끼면서도 얼굴 표정은 변함없이 해맑았다. 박꽃 같은 하얀 얼굴은 도회지 여자로 보였는데 가족들에게 대하는 모습은 라일락 같은 시골 아낙이었다. 남자가 출근을 할 때면 여자는 삽짝까지 따라 나왔다. 도시락을 건네주는 그녀의 따뜻한 눈빛을 나는 여러 번 보았다. 잠시라도 헤어지기 싫어하는 견우와 직녀처럼 보였다. 퇴근하고 돌아오는 저녁이면 손을 잡고 기숙사와 사택의 주변을 돌며 이야기꽃을 피우는 그들의 모습은 행복해 보였다.

　한 달이 지난 어느 날이었다. 새벽녘, 사택 사람들의 웅성거림에 눈을 떴다. 그 바람에 눈꺼풀 위에 앉아 있던 잠이 달아났다. 소리가 나는 쪽으로 사람들이 몰려들었다. 나도 사람들의 뒤를 따랐다.

　그녀의 부모들이 한밤중에 찾아왔다. 동네는 순식간에 난리법석이었다. 윽박지르고 몸싸움까지 벌어졌다. 전쟁터가 따로 없었다. 부모님을 따라가지 않겠다는 그녀는 소리소리 지르며 반항하다가 안 되겠다 싶었는지 마침내 미리 준비한 농약을 마셨고, 남자도 따라 마셔버렸다.

　다급한 소리가 여기저기서 터져 나왔다. 어떻게 수습해야 할지 누구 하나 나서는 사람이 없었다. 남자의 많은 식구들은 맨발로 나와 벼락을 맞은 듯 울부짖고 있었다.

여자와 남자가 대문 앞에서 나란히 누운 모습이 보였다. 그녀의 어머니는 딸의 옷을 잡아 흔들며 큰 소리로 흐느꼈고, 아버지는 하나밖에 없는 딸이 집안 망신시킨다며 벼락같은 소리를 고래고래 내질렀다. 두 사람이 목숨을 끊었다는 사실이 나는 믿기지 않았다.

내 앞에 서 있던 엄마가 험한 것 보지 말라며 집으로 가라고 내 등을 떠밀었다. 그날 밤 나는 등이 오싹해지고 심장이 멎는 줄 알았다. 몸이 뻣뻣해지고 쇳덩이가 무겁게 내려앉는 무서운 꿈도 꾸었다. 다음 날, 어른들이 수군대는 소리가 내 귀까지 들려왔다. 남자와 여자는 병원에 실려 갔지만 손쓸 시간도 없이 그대로 숨을 거두었다고 한다.

수 십 년의 세월이 흘렀다. 요즘 아이들은 '연애와 결혼은 따로'라고 한다. 마음이 맞으면 계속 이어지지만 조금만 뒤틀려도 돌아선다고 한다. 내가 연애를 하고 결혼을 한 지 수십 년이 지났다. 또한 내 아이들이 커서 연애할 나이가 되었다. 사랑에 빠졌다가 헤어지고 언제 헤어졌나 싶을 정도로 또 다른 사랑을 만날 수 있는 기회는 많다. 하지만 사랑이 순간적인 찰나라고 해도 그때만큼은 소중하지 않았을까. 어떤 형식으로든 사랑은 절절하고 애틋하다. 아이들이 행복한 사랑을 키워갔으면 좋겠다.

제4부

초행

새로운 세계가 나에게 달려왔다가 지나갔다. 스스로도 믿기지 않은 변화였다. 한 꺼풀 벗겨진 양파 같았다. 차와 차 사이의 깜박이는 신호로 소통할 수 있는 시간을 가진 것 같아 감회가 새로웠다. 할머니 또한 나와 다르지 않을 것이다.

- 초행
- 목련꽃 필 때면
- 지란지교
- 새봄
- 가드레일에 선 여자
- 효도 이야기
- 신도 버린 사람들
- 언니와 마지막 여행
- 둘째 아들의 우정

초행

    할머니가 동화책을 읽고 있다. 책장을 넘기면서 더듬더듬 한 줄씩 읽어 내려간다. 선녀가 나무꾼을 만나는 장면이다. 가끔, 틀리는 글자가 있었지만 문맥은 거의 틀리지 않는다. 할머니는 책을 읽으면서 손수건으로 눈물을 훔쳐낸다. 글자를 처음 대했던 때가 생각나는가 보다.

    방과 후 수업으로 독서지도를 하면서 할머니 한 분을 만났다. 처음에는 복도에서 목을 길게 빼고 교실을 들여다보는 할머니에게 별다른 관심이 없었다. 단지 교실 안이 궁금해서 그러려니 했다. 하지만 그게 아니었다. 다음 날도, 그 다음 날도 서성이는 할머니의 모습이 창문에 어른거렸다.

할머니는 독서지도를 맡고 있는 아이의 보호자였다. 아들과 며느리가 이혼을 하면서 맡겨진 손자와 단칸방에서 살고 있었다. 초등학교 3학년인 아이는 그때까지도 한글을 떼지 못했다.

생활보호대상자라 학원에 다닐 형편이 아니었다. 관심 가져줄 사람도, 글을 가르쳐 줄 사람도 없는 아이는 제멋대로였다. 할머니는 그런 손자 걱정에 종일토록 그림자처럼 아이를 따라다녔다.

할머니도 아이도 안쓰러웠다. 어떻게 해야 할지 궁리하다가 수업 후 아이에게 별도로 글을 가르치기로 했다. 처음에는 낱말카드를 들고 알아맞히기 놀이를 했다. 하지만 쉽지가 않았다. 어제 가르쳐 준 것을 오늘 물으면 잊어버렸고, 오늘 가르쳐 준 것도 다음 날이 되면 또다시 처음 보는 글자가 되었다.

벚꽃이 만발하는 봄날이었다. 할머니는 여전히 까치발을 하고 교실 속의 손자를 훔쳐보면서 수업이 끝나기를 기다렸다. 나는 할머니에게 다가갔다. 손자 옆에 앉아서 할머니도 같이 한글을 배우라고 권했다. 할머니는 낫 놓고 기역자도 모르는 내가 어찌 글을 배우겠냐고 수줍어했다.

일흔이 넘은 나이에 글을 배워서 어디 쓰겠냐며 말끝을 흐렸다. 손자를 마냥 기다리는 무료함도 달래고, 함께 공부하면 아이의 학습태도도 달라질 수 있을 거라며, 무엇보다 지금도 늦지 않았다고 거듭 강조했다.

이튿날부터 할머니와 손자가 책상에 나란히 앉아서 한글을 배웠다. 칠판에 쓴 글자를 따라 읽게 하고 동화책도 읽어주었다. 공책에 같은 단어를 여러 번 쓰게도 했다. 어떤 때는 노래로 들려주고 다시 나에게 말해 보라고 했다. 같은 이야기는 다른 색깔로도 채색되었고, 엇비슷하게 들리기도 했으며, 아예 주인공이 바뀌기도 했다.

할머니는 느림보 걸음을 했다. 우리는 대부분 초등학교에 들어가면서 자연스럽게 한글을 습득한지라 어려움을 몰랐지만 할머니는 어려워했다. 학습으로만 익혀야 하는 공부였기 때문이었다. 낱말들을 쓰고 읽고 외웠지만 할머니와 손자는 돌아서면 잊어버렸다. 내심 무리라는 생각이 들었다. 하지만 할머니는 포기하지 않았다. 그 모습에서 수십 년 전 내 모습을 보는 듯했다.

나는 지리 감각이 둔했다. 지리 감각이 둔하다 보니 여러 번 왔던 길도 처음처럼 낯설었다. 하여, 운전할 엄두는 언감생심이었다. 이십 대 초반 어렵게 딴 면허증을 장롱 속에 넣어둔 채 수십 년 동안 잊고 살았다. 불혹의 중반을 넘어서 운전을 하지 않으면 안 될 상황이 왔다.

남편이 시작하는 새로운 일을 도와야 했고, 학생들을 가르치느라 시간에 쫓겨 바쁘게 움직여야 했다. 학생들보다 교실에 늦게 도착한 날이 많아지자 선택의 여지가 없었다. 겁이 많았고, 거리 감각이 둔해서 운전을 하지 못할 것이라고 단정 지었던 스스로의 생각을 고쳐먹을 수밖에 없었다.

할머니가 처음 한글을 배울 때처럼 쉽지 않았지만 나도 '시작하면 된다.'는 무언의 작심을 했다. 몇 번의 망설임을 뒤로한 채 운전석에 앉았다. 심장이 콩닥콩닥 방망이질을 쳤다. 열쇠를 든 손도 떨려왔다. 잠시 두근거리는 마음을 진정시키고 시동을 걸었다. 핸들을 꼭 쥐고 천천히 움직였다. 조마조마한 마음에 자꾸만 몸이 경직되고 다리가 후들거렸다. 브레이크를 밟는다는 게 액셀러레이터를 밟지나 않을까, 어깨에 힘이 들어갔다. 가는 길 이외에는 아무것도 보이지 않고 들리지도 않았다. 뒤에서 빵빵대는 소리마저 무시한 채 오로지 앞만 바라보았다.

초행길, 천신만고 끝에 동네 한 바퀴를 돌아 집에 도착했을 때 세상을 다 얻은 것 같았다. 얼마간의 시간이 지나고, 마음의 긴장이 완화되자 거리의 모습들이 달라 보였다. 차창 밖 사람들의 생기 있는 얼굴 표정이 보였고, 나무들과 사물들의 싱그러운 모습도 보였다.

새로운 세계가 나에게 달려왔다가 지나갔다. 스스로도 믿기지 않은 변화였다. 한 꺼풀 벗겨진 양파 같았다. 차와 차 사이의 깜빡이는 신호로 소통할 수 있는 시간을 가진 것 같아 감회가 새로웠다. 할머니 또한 나와 다르지 않았다. 글자를 깨우치면서, 입으로만 전해 듣던 이야기가 텔레비전을 보는 것처럼 눈앞에서 생생히 펼쳐지는 기분이라고 하셨다.

글을 가르친 지 일 년이 되어갈 무렵이었다. 글을 읽는 할머니의 목소리에 차츰 리듬이 실렸다. 집을 나간 며느리가 생각났는지 숨겨놓은 선녀옷을 내주는 문장에서는 한숨을 내쉬기도 하고, 두레박을 타는 나무꾼의 모습에 안도의 숨을 몰아쉬기도 했다.

    평생 까막눈으로 지냈을 할머니가 글을 깨우치기까지 얼마나 많은 노력을 했는지 엿보는 순간이다. 끝까지 포기하지 않고 한글을 터득한 할머니에게 찬사를 보낸다. 할머니와 아이의 글 읽는 소리가 화음을 이룬다. 할머니와 손자가 세상을 살아가는데 소외되지 않고, 소통될 수 있는 삶을 살았으면 하는 마음이 간절하다.

목련꽃 필 때면

　봄이 한창이다. 꽃망울이 부풀어 터지고, 앞다투어 꽃이 피어난다. 봄 햇살을 받은 꽃망울은 봉오리를 뾰족이 내밀며 우아한 자태를 뽐낸다. 바람이 살랑거리자 먼저 핀 흰 꽃잎이 눈부신 햇살에 은빛 광채를 수놓은 듯 농숙하다. 목련 꽃그늘 아래로 바투 다가선다. 방금 떨어진 꽃잎이 이리저리 바람에 흩날린다. 꽃잎 한 장을 줍는다. 생명이 있는 듯 내 손에 그리움이 아스라이 전달되어 온다.
　중학교 2학년 첫날이었다. 새 학기가 시작되니 학교 분위기가 들떠 있었다. 새로운 친구와 선생님 모든 게 궁금증을 자아내게 했다. 짝꿍이 된 친구와 나는 1학년 때 같은 반이었다. 키 작은 나는 앞쪽에 앉았고, 중간쯤 어딘가가 그녀 자리였지만 일 년 동안 한 번도 말을 섞어본 적이 없었다. 키 순서를 정하던 날, 아는 친구라곤 없던 차에 면이 있던 그녀가 내 옆에 섰고, 짝이 되었다. 나는 일 년 사이에 키가 훌쩍 컸던 것이다.

그녀는 늘 웃는 모습이었다. 뾰족한 송곳니가 앞니 위에 살짝 올라붙은 모습이 매력 포인트였다. 표정 없는 얼굴로 그녀를 쳐다보면 함박꽃처럼 웃는 그녀 따라 슬그머니 나도 웃게 되었다.

4교시가 끝나면 교내 방송에서는 음악을 틀어주었다. 그녀와 나는 쉬는 시간마다 도시락을 미리 다 비웠고 점심시간엔 운동장을 배회하면서 음악을 들었다. '긴 머리 소녀', '일기', '조개껍질 묶어', '연가' 등을 따라 부르다가 약속이나 한 듯이 목련 꽃그늘 아래 나무의자에 앉았다.

목련꽃이 여기저기서 바람에 휘날렸다. 그녀는 방금 떨어진 꽃을 주워서 내게 내밀었다. 나는 그때 흰 칼라의 교복을 입은 하얀 얼굴의 그녀가 단아한 한 송이 목련 같다는 생각이 들었다.

그녀의 꿈은 작가였다. 문예반에서 창작한 시를 감정까지 실어서 내게 들려주었다. 어떤 날은 수업 시간에 자신이 지은 시를 낭독까지 했다. 문학은 먼 나라 이야기라고 생각했던 나는 가슴이 벅찼다. 어느 날 그녀가 내게 하루에 한 페이지씩 글을 써서 바꿔 보자고 했다. 자신이 없었지만 용기를 내어 글을 썼다.

그녀가 쓴 글을 읽었다. 글 속의 주인공은 그녀의 평소 맑은 웃음과 달리 우울하고 소외된 아이였다. 초등학교 4학년 때 들어온 새엄마가 구박하는 이야기며, 자상하던 아버지가 어느 날부턴가 무관심해졌다는 내용을 읽는데 어느새 내 눈에서 눈물이 맺혔다. 글을 읽고 눈물을 흘린 적은 처음이었다. 더군다나 친구가 쓴 글을 읽고 그 속에 나오는 사람들을 좋아하고 미워하게 되었다.

학기 중간에 학교에서는 '교내 합창경연대회'가 있었다. 합창대회가 열리는 전날, 우리 반은 늦게까지 학교에 남아서 연습에 몰두했다. 학교는 온통 꾀꼬리 같은 목소리가 사방팔방으로 울려 퍼졌다. 옆자리의 그녀와 눈빛도 맞추고, 입모습도 예쁘게 모으며 잡은 손에 힘도 가했다. 쳐다보며 노래를 부르는데도 저절로 웃음이 났고 행복했다.

연습을 마치고 버스 정류장까지 걸어오면서 그녀와 많은 이야기를 나눴다. 우린 대학생이 되고 아줌마가 되고 할머니가 될 때까지 글을 쓰고 담소를 나누고 우정을 쌓자는 말도 했다. 정류장에서 헤어짐이 아쉬워 그녀가 타고 간 버스의 뒷모습이 보이지 않을 때까지 나는 손을 흔들었다.

그녀의 비보를 들은 것은 다음날 아침 등교하면서 학교의 정문에서였다. 한 반 친구가 그녀의 아버지로부터 연락을 받았다고 했다. 난 무슨 소리냐며 그럴 리가 없으니 아침부터 농담하지 말라고 했다. 교실 분위기가 침울했다. 엉엉 우는 아이가 있는가 하면 책상을 두드리는 친구까지 교실은 그야말로 난리 법석이었다.

　수업이 끝나고 교문을 나설 때였다. 비보를 전해주었던 친구에게서 노트 한 권을 건네받았다. 나는 집에 오자마자 그녀의 글을 읽기 시작했다. 첫 장을 넘기니 '이 글을 읽을 친구에게'라고 썼다. 나를 보라고 쓴 것 같았다.

　첫 페이지부터 새엄마에 관한 얘기였다. 새엄마가 들어온 후로 아버지와 다투는 날이 많아졌다. 친구 때문이었다. 새엄마가 친구를 어딘가로 보내라고 했는데 아버지는 그럴 수 없다고 맞부딪쳤다. 그러다 보니 싸움이 이어졌고, 그녀는 미운 오리가 되었던 것이다.

　새엄마는 아버지가 일하러 나가면 온갖 욕을 퍼부었다. 엄마의 물건을 훔치지 않았는데 뒤집어씌우기도 했다. 아니라고 해도 말을 들으려고 하지도 않았다. 오히려 빗자루로 온몸을 때려서 바깥으로 내몰았다. 그녀는 그런 이야기를 일기 형식으로 썼다. 그 일기장이 새엄마한테 들켜서 구타까지 당했다. 아버지는 그녀의 말은 믿지 않고 오히려 엄마 편을 들면서 왜 이렇게 못된 아이로 변했냐고 했다. 아버지마저 자신을 믿지 못하자 친구는 더 이상 이 세상에서 숨 쉬고 싶지 않았을 것이다.

　새엄마가 들어오면서 그녀의 삶이 행복하지 않았다. 불행하게 생활했던 가족사가 노트 한 권을 다 채웠다. 흐드러지게 핀 목련

꽃 사이로 보이는 보름달이 그렇게 아름다울 수가 없었다는 이야기와 마음을 나눌 수 있는 친구가 있어서 다행이었다는 내용도 있었다.

  봄이 오고 목련꽃이 필 때면 언제나 친구가 그립다. 그녀는 너무나 일찍 세상을 등졌다. 성급하게 꽃을 떨어뜨리던 목련처럼 한창 예쁘고 아름다운 나이에 세상을 버리다니. 지금 나는 글을 쓰고 있다. 그녀가 살아있다면 좋은 글벗으로 남아 있었을 텐데. 그녀가 너무나 야속하고도 그리운 봄날이다.

지란지교

 문학회 모임이 있는 날이었다. 한 달에 한 번씩 열리는 토론회가 가을을 맞아 산상으로 자리를 옮겼다. 오랜만에 만난 선생님들의 차림새가 울긋불긋 가을 산을 닮았다. 반가운 마음에 미소 짓는 얼굴들이 높은 하늘의 구름떼처럼 푸근했다. 그 다채로운 미소가 너무나 편안하게 느껴졌다.
 형형 색깔의 단풍들이 여기저기 산을 수놓았다. 한 가지 색만 물들었다면 이렇듯 예쁘지는 않을 것이다. 여러 가지 색채가 어울려서 더 아름다운 계절을 수놓는 것 같다. 우리 문학회도 오랫동안 함께 해 온 회원들이 서로를 이해하고, 배려하며 사십 년이 넘는 전통을 쌓아왔다.

일행은 방짜유기박물관과 자연염색박물관을 들렀다가 예약해 놓은 식당으로 들어섰다. 곧이어 회원들이 써 온 몇 편의 작품을 감상했다. 한마디씩 돌아가면서 평을 하였다. 대부분 칭찬 릴레이로 이어졌다.
　분위기 탓인지 글에 대한 비평을 아무도 하지 않았다. 다른 날 같으면 단어 선택 하나에도 가만있지 않고 호되게 평을 했을 텐데, 이번 모임에서는 좋은 말씀만 되풀이되었다. 발그레한 회원들 얼굴에서 가을빛이 완연했다.
　고즈넉한 가을밤이 깊어갈수록 분위기가 들떠갔다. 술도 한 잔씩 마셨겠다, 기분도 화화산처럼 타올랐겠다, 한 분의 선생님이 노래를 부르자 다른 한 분은 젓가락으로 박자를 맞춰서 밥상을 두드렸다. 분위기가 고조되자 모두 한마음이 되어 합창이 이어졌다. 어느 정도 흥이 식어져 갈 즈음 한두 분씩 자리를 떴다.
　같은 방향의 집으로 가는 선생님과 함께 차에 올랐다. 나는 운전석 옆자리의 조수석에 앉았다. 뒷자리에는 J 선생님이 타셨다. 얼마 전에 L 선생님께서 새 차를 뽑으셨고, 손수 운전을 하셨다.
　차에서의 분위기도 좋았다. 평소에 존경하는 선생님 두 분과 함께 할 수 있다는 것에 아까의 흥겨웠던 분위기가 계속 이어졌다. L 선생님은 천천히 차를 몰았다. 온 세상을 화려하게 장식했던 낮의 가을 풍경은 점점 어둠 속으로 사라졌다.
　시내에 들어설 무렵이었다. 느닷없이 차창 밖에서 빗줄기가 쏟아졌다. 요란한 천둥번개 소리가 동반되었다. 바람은 심하게 불었고, 앞이 보이지 않을 정도로 쏟아지는 빗줄기를 원도우 브러시가 힘겹게 밀어냈다.

좁은 도로로 운행 중이던 L 선생님은 옆자리에 있는 나를 보면서 번개가 치는데 무섭지 않느냐고 했다. 나는 조금 무섭다고 대답했다. 선생님은 또 여기가 어딘 줄 아느냐고 물었다. 나는 방향 감각이 없는 길치라며 어딘지 잘 모른다며 웃었다.

뒷자리에서 조용하게 계시던 J 선생님이 다짜고짜 L 선생님에게 한마디 던졌다. 남의 집 부인한테 왜 말을 놓느냐고 호통을 쳤다. L 선생님은 내가 언제 반말을 썼냐고 반문했고, J 선생님은 뒤에서 다 들었는데 말을 낮춰서 하지 않았냐고 했다. 냉정한 말을 한마디씩 주고받으면서 다툼이 점점 커져갔다. 운전하는 선생님은 백미러로 뒤에 앉은 선생님과 눈을 맞추었고, 뒷자리의 선생님은 앞으로 몸을 바싹 붙여서 큰 소리로 옥신각신했다.

사십 년 지기 친구 사이인 두 분은 우리 문학회 창립 멤버로서 여든이 넘으셨다. 가장 친한 사이로 두 분 다 국문학자이시다. 일주일에 한 번 정도는 같이 등산을 하신 후 점심 식사도 함께 하신다.

안 보면 보고 싶고, 만나면 헤어지기 싫어하는 사이다. 그런 두 분이 말다툼을 하는 이유가 의아했다. 내가 L 선생님 옆에 앉아서 다정스럽게 이야기 하고 있으니 J 선생님이 질투를 한 것 같았다. 싸움은 끝나지 않은 채 J 선생님의 집 앞에 도착했다.

백미러로 보이는 선생님의 어깨가 구부정했다. 비바람에 뒹구는 낙엽 사이로 선생님의 모습이 쓸쓸하기 짝이 없었다. 십여 년 전, 신입 회원으로 들어왔을 때는 너무나 엄하셔서 무섭게만 보였었다. 지금은 왠지 가슴이 찌르르했다.

"저 친구가 노망이 걸렸나? 갈 때가 다 되었는지 헛소리를 자꾸 하네."

운전을 하는 L 선생님은 혼잣말로 중얼거렸다. 며칠 전 제주도에 갔다고 했는데 그날 아침 집에서 나하고 통화를 했었다는 둥 요즘 들어 정신없는 소리를 한다며 걱정하셨다.

두 분이 너무 친한 사이다 보니 내 눈에는 서로를 걱정하고 신경 써주는 모습으로 비쳤다. L 선생님은 평소에도 자상한 분이다. 모임 때면 온화한 미소로 빠짐없이 안부를 물어오는 분이셨다. J 선생님은 근엄하고 격식을 찾는 분이다. 한글학자로서의 예의와 품위를 갖추셨다. 두 분은 서로가 다른 장점을 가지고 있지만 난초와 지초처럼 두터운 벗이다.

선생님께 인사를 드리고 차에서 내렸다. 집으로 돌아오면서 생각해 보니 L 선생님이 술기운으로 나에게 반말을 쓴 것도 같다. 반말을 좀 쓰면 어떠리. 나이가 들어서 아랫사람에게 편하게 대해서 좋은 것을. 하지만 치매라는 병이 들면 착각하여 잘못 알게 되는 망상도 생긴다고 한다. 어쩌면 J 선생님은 병으로 인해 짐짓 그렇게 오해하셨을지도 모를 일이다. 집 앞에 도착하니 그렇게 퍼붓던 빗줄기도 사라지고 천둥번개도 조용히 잠자고 있었다.

   얼마 전에 J 선생님이 세상을 떠나셨다. 그때 가장 슬퍼하던 분은 L 선생님이셨다. 티격태격하던 두 분의 모습을 이제는 더 이상 볼 수 없음에 가슴이 저릿했다.

새봄

살다 보면 앞날이 어떻게 될지 아무도 모른다. 가진 것 하나 없어도 많은 것을 이룰 수 있고, 아무리 많이 가져도 한순간에 모든 것을 잃어버릴 수도 있다. 가진 것이 많고 적음이 행복을 판가름할 수도 없다. 어떻게 마음을 수놓느냐에 따라서 아름다운 삶을 이루어갈 수 있는 것 같다. 오래전에 인연을 맺었던 언니의 삶이 그랬다.

그녀의 삶은 늘 봄날이었다. 세상이 아무리 힘들고 어렵다고 떠들어도 그녀에게는 해당되지 않는 말이었다. 여태껏 별 어려움 없이 살아왔고, 앞으로도 그렇게 살 것이라 여겼다. 언니의 남편은 대기업에 다녔고, 두 아들이 의대에 다녔으니 사람들의 부러움을 사고도 남았다.

그녀의 삶은 오로지 가족을 위한 삶이었다. 여고를 졸업하던 그해 결혼을 하였으니 어린 나이에 신부가 되었다. 어릴 적 꿈이 현모양처였고, 자신의 삶을 빨리 갈무리하고 싶었다. 가족을 위해 음식을 하고, 살림하는 것이 큰 낙이었다. 그가 만든 모든 음식은 입맛을 끌어당겼다. 정성이 가득한 음식은 가족들이 외식 한 번 할 틈도 주지 않았다.

그런 그녀가 수십 년간 알뜰하게 모았던 재산을 한 방에 날렸다. 그 금액은 어마하게 컸다. 집 두 채 값이 넘었고, 거기다가 은행에 대출까지 받은 터라 그간의 부가 날아가 버린 것이다. 게다가 더 이상 손쓸 방법도 해결 방법도 없었다.

수년 전 그녀는 J에게 적은 액수의 돈을 빌려주게 되었다. 보이차를 함께 나누었던 지인이었다. J는 중소기업을 운영하면서 성실하다는 소문이 자자했다. 그 소문만 믿고 은행 이자의 몇 배를 주겠다는 말에 의심 없이 넘어갔다. 처음에는 망설였지만 약속했던 이자가 들어오자 안심이 되었다.

한 달 두 달, 일 년이 가고 삼 년이 지나도 J는 하루도 날짜를 어긴 적이 없었다. 통장에는 동그라미의 숫자가 커져갔다. 돈이 두둑해졌고, 배짱도 늘어났다. 남편 모르게 모으는 재미가 쏠쏠했다. 알뜰하게 살림하면서 모은 푼돈과 빌려 주고받은 이자와 집까지 은행에 담보를 잡아서 빌린 돈을 몽땅 J에게 송금시켰다.

한 달 들어오는 이자가 중소기업 다니는 사람의 월급만큼 들어왔다. 어느 날 마주한 그녀에게 이제 그만 정리하는 게 어떻겠냐고 넌지시 던졌다. 그녀도 걱정이 되었던지 그래야겠다고 했는데 말이 떨어지기 무섭게 J가 부도를 내고 잠적했다는 소문이 떠돌았다.

재산을 빼돌린 그를 수소문했지만 헛수고였다. 남편이 모르는 돈만 날렸다면 그나마 다행이었을 터였다. 높은 이자를 받는다고 집까지 담보로 빌려줬으니 풍비박산이 났다. 그 사실을 알게 된 남편과 칼부림 날 정도로 싸웠고, 이혼 얘기까지 나왔다. 자신을 추스르기도 힘들었지만 맥없이 풀린 남편의 술주정도 참아내야 했다. 욕심이 화를 불렀다. 욕심이 한순간의 허망함으로 요동쳤다.

그녀는 허름한 단칸방으로 이사를 했다. 몇 년 동안 사는 게 말이 아니었다. 살아 있어도 죽은 거나 마찬가지였다. 차라리 죽는 게 낫다고 했다. 바깥세상 구경한 지가 언제였는지 기억도 하지 못했다. 계절이 몇 번이나 갔다가 다시 돌아왔지만 겨울의 한복판에 서 있는 듯했다.

어느 날, 퇴근을 하고 그녀 집으로 찾아갔다. 홀로 방안에 있던 그녀는 나를 붙잡고 하염없이 눈물을 흘렸다. 내 눈에서도 눈물이 줄줄 흘렀다. 집안에 누워만 있지 말고 옷도 사 입고, 맛있는 것도 사 먹으러 가자고 꼬드겨도 미동도 하지 않던 그녀였다.

이듬해 봄날이었다. 축 늘어져있던 그녀가 훌훌 털고 일어났다. 베란다에 버려져 있던 화분 때문이었다. 죽은 듯 서 있던 나뭇가지에서 새순이 돋아나고 꽃이 핀 것을 보고는 마음이 움직였다고 했다.

'사람 나고 돈 났지, 돈 나고 사람 났냐?'

컵에 가득 담긴 찬물을 단숨에 마시고 나니 정신이 번쩍 들었다. 초로의 여인이 된 그녀는 새로운 인생 설계를 했다. 친구가 수십 년째 봉사한다는 곳으로 발걸음을 옮겼다. 손을 쓰지 못하는 노인들의 한 끼를 먹이는 데 한나절이 걸렸다. 가족만을 위하는 삶도 아름답지만 고개를 조금만 돌리면 자신의 손이 필요한 곳이 있다는 것도 알게 되었다.

길은 평탄대로와 비탈길, 꽃밭과 가시밭길이 공존한다. 자기 인생의 악보에 새로운 리듬을 불어넣은 지금, 그녀의 인생은 완전히 달라졌다. 새롭게 시작한 삶에 희망의 빛이 조금은 보이는 듯하다. 풍요로웠던 삶은 사라졌지만 의미 있는 나날을 보내고 있는 지금, 그녀는 온통 꽃망울이 터져서 꽃들이 만발하는 새봄을 맞고 있다.

가드레일에 선 여자

"엄마가 자폐증을 앓는 친딸을 살해한 재판입니다."

이 말 한마디에 사람들은 있을 수 없는 일이라며 혀를 찼다. 아무리 힘들어도 딸을 살해했다는 소리에 소름이 끼친다고도 했다. 나 역시도 상상도 못할 일이라며 고개를 좌우로 흔들었다.

국민참여재판의 배심원 후보로 법원에 출석하게 되었다. 법정에 도착하자 후보들이 번호표를 받고 있었다. 그들 사이에서 나도 표를 받고 순서대로 자리에 앉아 법정 안의 분위기를 살폈다. 무거움이 엄습해왔다. 분위기 또한 낮게 깔려 있었다.

재판부가 법정에 들어오자 재판장이 검사와 변호인, 배심원 후보자의 출석을 확인했다. 직원은 추첨함에서 무작위로 여덟 명의 배심원 번호를 뽑았다. 재판장이 추첨된 배심원 후보자의 번호를 불렀다. 맨 나중에 뽑힌 나는 배심원 지정석의 왼쪽 1번 앞자리에 앉았다. 대표 자격으로 선서까지 낭독했다.

재판이 시작되었다. 여검사는 사건 당일의 상황을 낮고도 단호한 목소리로 말했다. 부모는 어떠한 일이 있어도 자식을 살해할 수 없다고 했다. 변호인은 부모가 자식을 살해할 때는 그럴만한 이유가 있다며 목소리를 높였다. 검사와 변호사는 번갈아가면서 당면해 있는 자신들의 입장을 배심원들에게 눈을 맞추며 설명했다.

여자는 딸 둘을 키우고 있었다. 큰 딸은 자폐였고, 작은 딸도 불치병에 걸렸다. 두 아이를 키우는 게 너무나 힘들었다. 그녀는 자폐증을 앓는 큰딸을 데리고 남해안으로 차를 몰았다. 함께 목숨을 끊기 위해서였다. 하지만 이곳저곳 바깥 풍경을 보니 벼랑 끝에 서 있던 절망감도 희석되고, 마침내 마음을 돌려 집으로 돌아가던 중이었다.

그녀는 운전석에, 옆자리에는 딸이 앉았다. 국도를 달릴 때는 얌전하게 앉아 있던 딸아이가 고속도로 위에 올라서자 트집을 잡기 시작했다. 윗옷 단추를 풀어달라고 했다가 채워달라며 징징거렸다. 차들은 고속으로 질주를 했고, 아이는 울고불고 트집을 잡다가 핸들을 잡고 늘어졌다. 순식간에 여자는 핸들을 꺾게 되면서 가드레일을 박고 차는 멈추었다. 하마터면 수십 리 낭떠러지로 떨어질 뻔했다. 아찔한 순간이었다. 여자는 정신을 차리고 딸을 어르고 달랬다. 그럴수록 아이는 떼를 쓰며 나자빠졌다. 분을 참지 못한 여자는 눈에 보이는 게 없었다. 순간적으로 딸의 목을 졸랐던 것이다.

검사가 먼저 사건에 대해서 말했다. 자신도 어린 딸을 키우고 있지만 용서할 수도 없거니와 인간으로서는 있을 수 없는 일이라고 했다. 아이를 낳고 키우는 엄마로서 이해가 안 되며 5년의 유기징역에 처해야 한다고 보고했다. 정상 참작을 하더라도 기본적인 형량은 받아야 아이에 대한 죗값을 치르지 않겠냐고 판사한테 단호하게 말했다. 나는 그때까지만 해도 검사의 논리적이고 합리적인 판단에 고개를 끄덕였다.

변호사가 답변할 차례였다. 변호사는 검사가 한 말을 부정하지 않았다. 하지만 벌어진 사건을 인정은 하되 여자가 처해있는 상황도 알아달라고 했다. 검사와 변호사의 논리 정연하고 끝없이 이어지는 반론에 나는 그만 혼란의 도가니 속에 빠졌다. 그때부터 내 머리는 터질 것 같았다. 사건이 일어났던 영상을 보여주는가 하면 아이가 널브러져 있는 모습과 주검의 사진까지 펼쳐놓으니 온몸이 떨려왔다. 그렇게 몸과 마음은 종일 경직되었다.

여자는 어깨까지 내려오는 생머리를 하고 있었다. 헝클어진 머리는 양 볼을 덮었고, 기운 없는 모습은 초췌하게 보였다. 자신의 죄를 뉘우치기라도 하듯 종일토록 고개를 아래로 떨어뜨리고 있었다. 초점 없는 눈은 삶에 대한 의욕마저 상실한 것 같았다. 그때의 일을 후회하고 있을까. 다시 그 시간으로 돌아간다면 딸을 어떻게 했을까, 묻고 싶었다.

여자의 남편이 증인석에 나왔다. 남자의 얼굴은 담담해 보였다. 변호사가 남자에게 질문을 던졌다. 간단한 질문이었고, 남자는 대부분 인정하는 대답이었다. 간혹, 질문의 대답으로 여자가 그동안 가족을 위해서 얼마만큼 희생을 했는지에 대한 얘기도 끄집어냈다.

여자는 두 딸 건사하기에도 이미 몸이 지쳐갔다. 그리고 시댁 식구에게 최선을 다했다. 위암에 걸려있는 시아버지의 수술로 병원에서 간호를 맡았다. 혼자서 한 발자국도 걸을 수 없는 시어머니 수발도 들어야 했다. 본가와 병실, 병실과 자신이 사는 집으로 눈코 뜰 새 없이 동분서주하게 움직였다. 주말부부로 살고 있는 남편 또한 챙겨야 했고, 아이들은 말할 것도 없었다.

이런 상황에서도 아내는 투정 한 번 부리지 않았다. 오히려 그런 아내를 뒷짐 지고 바라보며 짜증내고 화냈던 자신이 죄인이라고 통곡했다. 남자의 울부짖음으로 법정 안의 분위기가 무겁게 내려앉았다. 오후 내내 울음과 통곡으로 용서를 구하던 남자의 눈물이 배심원들의 마음을 뒤숭숭 흔들어 놓았다.

자폐증을 앓았던 딸은 겨우 5살이었다. 세상에서 옳게 살아보지 못하고 세상을 떠났다. 남자는 평생 자신과 아내의 가슴에 대못을 박고 살아가겠다고 용서를 구했다. 아내가 가정으로 돌아와 평범하게 살도록 도와달라며 흐느꼈다. 배심원들 한 사람 한 사람 눈을 다 맞추면서 선처를 고했다.

분위기가 낮게 깔려있던 법정은 남자의 통곡소리로 여기저기에서 눈물 콧물로 훌쩍였다. 나도 가슴이 먹먹해져왔다. 아이의 죽음으로 안쓰러운 마음과 남자의 눈물로 측은한 마음이 씨줄과 날줄로 뒤엉켜서 마음이 아팠다. 이 재판은 개인의 문제와 가정의 문제 그리고 사회적 책임이 섞여 있다는 걸 암시했다.

배심원이 되었던 하루는 생명의 소중함을 느꼈던 시간이었다. 검사와 변호사 사이에서 갈팡질팡했지만 누가 옳고 그름을 판단하기를 떠나 한 생명체가 얼마나 소중한지를 깨달았다. 세상에 태어난 모든 생명체는 아무리 하찮아도 우주에 온 이유가 저마다 가지고 있다는 믿음이 생겼다.

여자는 그날 집행유예를 받고 풀려났다. 그녀의 남편과 시부모가 선처를 탄원했고, 배심원들의 양형 의견 등을 종합해서 내린 의견이었다. 법정의 문을 나서는데 남자가 배심원들에게 고맙다며 손을 잡았다. 죽을 때까지 뉘우치면서 살겠노라며 머리가 땅에 닿도록 고개를 숙였다.

효도 이야기

　트럭 한 대가 들어오더니 남자가 내렸다. 그는 농사짓는데 필요한 상담을 받으러 왔다. 남자는 복숭아와 포도 농사를 만 평 이상 짓는다고 했다. 작년 여름에 며칠 동안 비바람이 심하게 불어서 방제 시기를 놓쳤단다. 그 바람에 세균성 구멍병이 왔고, 탄저병까지 와서 농사를 망쳤다고 한다. 평년에 비해서 소출이 반 토막이 났다며 얼굴에 수심이 가득했다. 인건비며, 자재비도 만만찮은데 그것보다 올해 농사가 더 걱정이었다.
　그는 작년에 왔던 세균성 구멍병이 또 올까봐 노심초사했다. 세균병은 한 번 오면 해마다 올 가능성이 많아서 방제를 해서 없애야 한다. 나는 겨울 방제를 잘 하라고 조언했다. 여름에 잎이 무성할 때는 아무리 방제를 해도 듣지 않기 때문이다. 병이 온 다음엔 어떤 약으로도 막을 수가 없다.

그는 농사 이야기를 하다가 부모님 얘기를 꺼냈다. 오늘도 두 분을 뒷자리에 태워서 왔다. 부모님은 조부모님으로부터 수천 평이 넘는 땅을 물려받아서 농사를 지었다. 팔 남매의 자식들은 모두 공부를 위해 도시로 떠났다.

그가 도시에서 생활한 지 삼십 년이 넘었다. 대학을 졸업하고 외국인 회사에서 오랫동안 일하면서 퇴직할 즈음, 다른 일을 해 보고 싶었다. 농사를 지으면 좋겠다는 생각이 들면서 미련 없이 사표를 냈다. 그는 고향으로 돌아왔지만 시골 생활이 쉽게 적응되지는 않았다.

그해 봄, 부모님이 물려주신 땅에 복숭아 농사를 짓기 시작했다. 뭐부터 어떻게 시작해야 할지 감감했다. 하지만 부모님이 일거수일투족 이거 해라 저거 해라 조언해 주셨다. 그 덕분에 남들보다 쉽게 농사짓기에 적응할 수 있었다.

귀농한 지 몇 년이 지났을 무렵이었다. 어머니가 이상한 행동을 하셨다. 어느 날부턴가 어머니는 발길 닿는 대로 집을 나가는가 하면, 밥을 먹고 돌아서면 밥 달라고 떼를 썼다. 아버지는 자식들이 걱정할까 봐 어머니의 이상한 행동을 자식들에게 알리지 않았다. 해가 바뀔수록 말과 행동이 점점 이상해져 갔고, 아버지 혼자서 어머니를 감당할 수 없게 되었다.

날이 갈수록 어머니의 병이 심해지자 아버지가 제일 먼저 그에게 알렸다. 그는 믿기지도 믿지도 않았다. 하루는 아버지가 외출을 하시고 어머니를 돌보고 있을 때였다. 어머니가 그에게 달려들어 괴롭혔다. 팔과 다리 가슴팍을 물어뜯는가 하면 몽둥이로 때려서 온몸에 멍자국이 들었다. 몹시 놀란 그는 가족들에게 다 알렸다.

8남매는 돌아가면서 부모님을 보살폈다. 차츰 먼 곳에 있는 형제들이 못 오면서 그가 어머니를 돌볼 시간이 많았다. 기저귀를 갈 때가 제일 힘들었다. 매일 아침 아버지와 함께 어머니의 기저귀를 갈았다. 어머니는 기저귀를 하지 않으려고 요리조리 숨어버리거나 발버둥을 쳤다. 어머니에게 어떤 말로 꼬드겨도 통하지 않았다. 그가 어머니 다리를 누르고 있으면 아버지가 차고 있는 기저귀를 빼고 새로운 것으로 갈았다. 힘이 없는 어머니는 기저귀 채울 때만큼은 어디에서 그렇게 큰 힘이 솟아나는지 두 남자가 감당하기에 벅찼다.

매일 아침이면 아버지와 어머니를 태우고 어디든지 떠났다. 어머니는 옆에 있는 사람을 못살게 굴다가도 차에만 오르면 얌전해졌다. 아버지와 나란히 차에 올라 뒷자리에 앉은 어머니는 딴사람이 되었다. 그는 하루도 빠지는 날 없이 두 분을 모시고 다녔다. 어머니는 아버지의 손을 꼭 붙들고 앉아서 창밖 풍경을 바라보았다. 음악을 틀어 놓으면 흥얼흥얼 따라 부르기도 했다.

하루 이틀도 아니고 십 년 가까이 그렇게 하고 있다니 요즘 보기 드문 사람이었다. 눈코 뜰 새 없이 바쁜 농번기에 짜증이 날 만한데 오히려 웃는 얼굴로 대한다니 존경스럽기까지 했다.

어머니를 요양원에 모시면 나라에서 지원도 받을 수 있고, 가족 모두가 편하게 지낼 수 있겠지만 형제들이 모두 반대를 한다는 것이다. 불효를 저지른다는 죄책감 때문에 살아 있는 날까지 자식들이 똘똘 뭉쳐서 효도를 하는 게 숙제라고 했다.

그가 자리에서 일어났다. 나는 음료수 두 병을 들고 밖으로 나갔다. 그와 농사짓는 이야기를 하느라 시간이 한참 흘렀다. 그때까지도 그의 부모님은 차에 앉아서 조용하게 그를 기다리고 있었다. 음료수 뚜껑을 따서 그의 아버지께 드렸다. 음료수를 받은 아버지는 어머니가 잘 넘길 수 있도록 입에 갖다 대었다.

농사지으면서도 매일 아침마다 드라이브 시켜주는 그는 효자다. 폭력으로 변한 치매 어머니를 모신다는 것은 쉽지 않다. 더군다나 농사일을 하면서 두 분을 보살피고 있다. 살아 계실 때까지는 매일 아침 부모님과 행복을 누릴 수 있는 기회라고 말하는 그의 얼굴이 선해 보였다. 그가 차에 올라 시동을 걸자 뒷자리에 앉아있던 두 분이 내게 손을 흔들었다.

신도 버린 사람들

　친구가 인도로 여행을 떠났다. 다니던 직장엔 휴직을 내고 아이들은 친정 부모님한테 맡겨두었다. 남편과 성격이 맞지 않는다며 몇 개월째 별거 중이었는데 인도를 다녀와선 미뤘던 이혼 서류를 법원에 넣을 참이었다. 그곳에 가면 무언가 삶에 대한 새로운 해답을 찾을 수 있을 것 같다고 했다. 나에게 아이들이 잘 있는지 가끔씩 그녀의 친정집에 들러봐 달라고 부탁했다.
　두 달 만에 그녀가 여행에서 돌아왔다. 차 한 잔 마시자며 연락이 온 건 입국 다음날이었다. 결이 고왔던 긴 머리는 윤기가 다 빠진 듯 푸석했고, 지적이던 하얀 얼굴은 거무스름하게 그을렸다. 하지만 표정만큼은 어느 때보다 투명해 보였다.

오랜 여행에서의 피곤함은 보이지 않았다. 커피잔을 내려놓으며 여행하면서 느꼈던 감정을 풀어놓기 시작했다. 자신은 어떤 일이 있어도 이혼하지 않을 것이며, 남편과 죽을 때까지 같이 살겠노라고 했다. 두 달 만에 확 바뀐 그녀의 생각과 행동을 나는 믿을 수가 없었다. 침을 튀겨 가며 남편과는 더 이상 못 살겠다고 아우성을 치던 그녀였기에 달라진 모습이 낯설었다.

　그녀의 부정적이었던 생각이 긍정적인 사고로 바뀐 바람에 나는 죽을 때가 되었느냐는 농담까지 했다. 삶에 대한 애정도 샘솟는 듯했다. 자신이 직장에 다닌다는 핑계로 남편에게 잔소리만 늘여놓았던 것을 후회했고, 아이들에게는 공부에 대한 스트레스를 너무 줬다며 자책했다.

　그녀는 커피 한 모금을 마시더니 여행 중 불가촉천민에 대한 이야기를 들었고, 살아가는 모습을 보면서 느낀 것이 많았다고 했다. 불가촉천민은 인도의 카이스트 제도에서 가장 낮은 신분의 사람들로, 개나 고양이보다 못한 천대를 받는단다. 그녀가 크게 한숨을 내쉬었다. 자신은 이제껏 너무나 편하게 살았는데 그 행복함을 모르고 살았다며 여행하는 동안 살아온 인생을 조용히 반성하는 계기도 되었다며 부드럽고 편한 표정을 내비치었다.

　나는 실감이 나지 않아서 고개만 끄덕였다. 그 후 친구는 골 깊었던 남편과의 오랜 싸움에서 먼저 손을 내밀어 화해를 했다. 갈등과 대립이 끊이지 않던 그녀의 가정도 웃음이 넘쳐나는 집으로 바뀌었다.

　그해 가을, 남편의 발령으로 가족이 모두 서울로 떠났고, 이듬해 봄날 다른 도시로 이사하면서 연락이 끊어졌다. 그녀를 떠올릴 때마다 인도의 불가촉천민에 대한 삶이 궁금해졌다. 그 후 우연히 '신도 버린 사람들'이라는 책을 구입하게 되었다.

　이 책은 인도 근현대사의 순간들을 현미경으로 들여다보듯이 리얼하게 구성어 있었다. 주인공 다무의 삶을 따라가면 관습이라는 이름 아래 핍박받는 불가촉천민의 생생한 일상을 볼 수 있었다. 작가가 그의 부모님이 겪은 삶을 소설처럼 풀어놓은 이야기였다.

　높은 계급의 사람과는 접촉은 물론 물도 함께 마실 수 없다고 했다. 믿을 수가 없었다. 짐승보다도 더 대접을 받지 못하는 불가촉천민의 계급주의는 말도 되지 않는 허튼 소리 같았다. 도저히 있을 수 없다며, 그들의 삶이 가엾다고 눈물을 글썽이던 친구의 마음을 책을 통하여 헤아리게 되었다. 가슴이 막히는 울부짖음도 느꼈고, 가슴 벅찬 환희도 맛보았다.

　자식에게만은 자신의 계급을 물려주지 않으려고 온갖 노력을 한 작가의 삶이 너무나 처절했다. 부모라면 누구나 자식을 위해서 그렇게 할 수 있을까. 자신의 목숨을 바꿔서라도 자식을 위해서라면 다 할 수 있는 것이 부모 마음이지만 다무처럼 하기가 쉽지는 않을 것 같다.

친구는 인도 곳곳을 여행하면서 몸소 느꼈던 것이다. 인도의 계급주의는 힌두교의 윤회사상과 결합되었지만 다른 곳의 계급과는 다르다는 것을. 중세 이후 산업화와 근대화를 거치면서도 카이스트 제도가 사라졌다지만 불가촉천민은 여전히 인간답게 살 수 있는 것이 아니라는 것을.

저자의 아버지인 다무는 불가촉천민으로 태어났지만, 카스트 제도에 순응하지 않고 저항하다가 끝내 목숨을 잃었다. 아버지의 목숨 값으로 몇 명이나 되는 자식들 모두가 지독한 삶에서 벗어나 자유를 얻게 되었다. 그리고 영웅으로 탄생한 것이다.

신도 버린 사람들, 신도 버렸다는 불가촉천민. 다무는 불가촉천민을 자식들에게 물려주지 않기 위해서 자신을 버렸고, 친구는 가족을 위해 혼자 잘 살겠다는 이기심을 버리고 남편과 아이들을 선택했다. 불가촉천민들의 아픔과 고통과 억압이 눈에 밟혀서 밥이 목구멍을 통해 넘어가지 않는다던 친구! 눈망울 글썽이며 콧물까지 흘리던 친구는 지금 어디에 살고 있는지 궁금하다. 자신의 이기심을 버리고 새로운 인생을 살겠다던 그들이 무척이나 그리운 날이다.

언니와 마지막 여행

새해 아침, 필리핀 세부로 여행을 떠났다. 고향이 같다는 이유만으로 친하게 된 언니와 함께였다. 언니는 여행을 좋아했다. 아들 둘을 결혼 시키고는 자주 여행길에 나섰다. 그런 언니가 언제부터인가 내게 여행을 같이 가자고 졸라댔다. 농사일에 늘 허덕이던 나는 언니와 시간을 맞추기가 쉽지 않았다. 하지만 추워서 아무것도 할 수 없었던 새해에 여행할 수 있는 시간이 맞아떨어졌다. 우리는 이렇게 추운 날 몸과 마음을 쉬어보자고 세부섬으로 떠난 것이다.

세부에 도착한 우리는 첫날 호핑투어에 나섰다. 야자수가 늘어진 해변에 새하얀 모래밭이 어룽거렸다. 힐룽뚱안섬에서 스노

클링을 하고 물놀이를 즐겼다. 나는 바닷속이 무서워서 야자수 그늘에 앉아있으니 언니가 내 손을 잡아끌었다. 끝까지 버티지 못하고 나도 바다로 뛰어들었다. 그렇게 무섭게 느껴졌던 스노클링이 무섭기보다 물과 일찍 친하지 못한 것이 후회가 되었다.

날루수안섬에서는 예쁘게 꾸며진 정원을 보았다. 겨울이면 늘 웅크리고 있던 몸과 마음이 보는 것만으로도 녹아내렸다. 이곳에서 추운 겨울을 한 달만 보냈으면 싶었다. 느긋한 여유와 넘실대는 파도와 푸른 하늘만 있어도 한 달은 눈 깜짝할 사이에 지나갈 것 같았다.

여행의 마지막 날 밤, 늦은 시간까지 수다꽃을 피우느라 뜬눈으로 밤을 지새웠다. 우르르 쾅쾅 천둥번개가 번쩍이고 집중호우가 쏟아지기도 했지만 여행 마지막 날이라 그런지 잠이 오지 않았다. 언니는 일에 묻혀 사는 내가 안쓰럽다고 했다. 일만 하다가 세상 떠나겠다고 몸을 아끼라는 충고까지 했다. 조금씩 삶을 정리해야 하는 시기이니 일하는 욕심도 내려놓으라고 했다. 그러면서 앞으로는 여행을 자주 다니자고 했다. 나는 대답 대신 고개를 끄덕였다.

잠시 눈을 붙였는가 싶었는데 가이드가 잠자는 우릴 깨웠다. 밤새 태풍과 집중호우로 파도가 심해서 배가 뜨지 못한다고 했다. 여기저기 건물의 벽이 무너지고 창문도 날아갔다. 거리에는 나무들이 뿌리째 뽑혀서 누워있고, 전봇대까지 넘어져 있었다.

딱 빌라란 항구에서는 파도가 잠잠해질 때까지 배를 출항하지 못하게 했다. 출항하다가 잡히면 국가에 벌금을 엄청 물어야 했고, 면허 취소까지 당할 수 있다는 엄포를 내렸다. 얼마 전 출항해서는 안 될 배가 많은 사람들을 태우고 태풍과 맞서다가 바다 한가운데서 뒤집혔다. 인명 사고는 물론이거니와 배가 뒤집히면서 박살이 났다고 했다.

모두가 발을 동동 굴리고 있을 때였다. 가이드가 배를 탈 수 있는 중요한 정보를 입수해 왔다. 봉고차 한 대를 빌려 왔으니 아무 말 하지 말고 차에 올라타라고 했다. 가방은 트렁크에 싣고 우리는 말없이 차에 올랐다. 항구에서 벗어난 우리는 영문도 모른 채 차 안에서 하염없이 쏟아지는 빗줄기만 바라봤다.

세 시간 남짓 달렸을까. 우리가 도착한 곳은 바닷가의 자그마한 항구였다. 파도가 잔잔했다. 이 마을은 열 가구 정도가 살고 있다고 했다. 사람 사는 집이라고 하기엔 너무나 허술했다. 차에서 내리니 동네 사람들이 바깥에 나와서 우릴 구경했다. 우리는 비를 맞으며 진흙탕 길을 걸었다. 겉옷은 물론 속옷까지 이미 다 젖은 상태였다. 캐리어를 끌고 비를 맞으며 한 줄로 서서 흙탕길을 걷는 우리의 모습은 피난민이었다. 예닐곱, 그것보다 더 어린 남자아이들이 물속을 왔다 갔다 하면서 우리의 손을 잡아 주고 캐리어를 통통배로 옮겨주었다.

큰 배는 물이 얕아서 마을 앞에 정박할 수 없었다. 마을에서

1km 되는 곳에 배가 정박해 있었다. 우리가 통통배에 타고 있으면 정박해 놓은 큰 배까지 아이들이 수영을 하면서 또다시 끌어다 줬다. 팬티만 입고 헤엄쳐서 우릴 데려다주는 아이들의 모습이 가엾기도 하고, 생쥐 꼴이 된 우리 모습을 보니 처량하기도 했다.

우린 그날 어선을 타고 바다에서 몇 시간을 떨고 있었는지 모른다. 큰 파도에 출렁거리는 배 안에서 비를 피할 곳도 없었고, 추위와 배고픔으로 악몽에 시달렸던 시간이었다. 더군다나 멀미를 심하게 했던 언니는 배 타는 여행은 이번이 끝이라고 선언했다. 그날의 여행은 즐겁고 행복했던 기억이 많았는데 춥고 힘들고 배고팠던 기억이 더 오래 남아 있었다.

여행을 다녀온 얼마 후, 언니는 응급실로 실려 갔다. 배가 너무 아파서 움직일 수가 없었다. 몇 가지 검사 결과 췌장 밑에 붙은 쓸개에 문제가 있었다. 며칠 후 정밀 검사에서 담낭암 말기 판정을 받았다고 했다. 온몸에 암이 번져서 손쓸 방법이 없었다. 여행 다닐 때도 가끔 아프다고 했던 이유가 그때문이었다. 나는 그때까지도 눈치를 채지 못했다. 평소에 워낙 건강했기에 암에 걸렸을 거라고 상상도 못했다. 언니는 몇 달을 넘기지 못하고 세상을 떠났다.

다시 새해가 되고 겨울의 한 가운데 서 있다. 가장 추운 날씨와 맞닥뜨릴 때면 언니와 여행했던 날들이 그립다. 몸을 아끼라고 했던 언니는 아무런 정리도 하지 않은 채 세상 밖으로 훌훌 떠났다. 언니가 없는 올겨울이 유난히 더 춥게 느껴진다.

둘째 아들의 우정

 전화 벨소리가 울렸다. 고등학교 삼 학년인 둘째 아들 담임선생님의 전화였다. 선생님은 나지막한 목소리로 내게 먼저 인사를 건넸다. 아들에게 무슨 일이라도 생긴 것일까. 마음이 바빠져서 선생님의 인사 말씀이 끝나기도 전에 내 머릿속은 온통 나쁜 일이 생겼을까 하는 상상으로 가득 차올랐다.
 며칠 전이었다. 아들은 점심시간에 같은 반 친구들과 운동장에서 농구를 했다. 한참 동안 공을 따라 뛰다 보니 온몸이 땀범벅이 되었다. 한 친구가 링을 향하여 공을 던지는 순간 발을 엎질렀다. 찰나의 순간이었다. 발목에 금이 간 친구는 꼼짝하지 못하고 바로 병원으로 향했다.

다음날, 그 친구는 깁스를 하고 등교를 했다. 두 발로 걸어 다녔던 친구는 깁스한 발을 사용할 수 없게 되자 무척이나 힘들어했다. 특히 화장실을 갈 때 누군가 데리고 가지 않으면 움직일 수 없는 상황이었다. 게다가 체구까지 작아서 키 큰 목발을 하고 다니는 것조차 버거워했다.

문제는 점심시간이었다. 아들의 교실은 4층이었다. 점심을 먹으려면 4층에서 1층까지 내려와서 다른 건물에 있는 식당으로 이동을 해야 했다. 깁스를 한 첫날, 친구는 점심을 굶었다고 했다. 그 사실을 몰랐던 아들은 다음날부터 친구의 손과 발이 되었다.

남자학교의 점심시간은 악어가 먹잇감을 보며 물을 헤집고 가는 모습과 흡사하다는 교사 친구의 얘기를 들은 적이 있었다. 한 치 양보도 없다고 했다. 서로 부딪혀 넘어지기도 하고, 먼저 먹겠다고 아우성을 치기도 한다며 돌도 씹어서 삼킬 정도로 배가 고픈 나이라고도 했다.

아들도 먹는 것에 목숨을 걸었다. 달리기 선수처럼 친구들보다 먼저 뛰어가서 밥을 먹겠다고 줄을 섰다. 그런 아들이 밥을 빨리 먹기 위해 뛰어가는 것을 포기했다. 다친 친구를 도와주기 위해서였다.

목발을 짚은 친구는 4층에서 1층까지 내려오는 것을 힘들어했다. 계단을 하나씩 밟는 게 둔해서 잘못하다가는 넘어질 형편이었다. 친구를 부축해서 줄을 서는 곳까지 가면 시간이 많이 걸렸다. 보다 못한 아들이 친구를 업고 오르내리길 반복했다. 다른 친구들이 벌떼처럼 줄을 서기 위해서 뛰어갈 때 아들은 친구를 등에 업고 조심스럽게 한 계단 한 계단 내려섰다. 식당에 도착해 친구의 밥과 자신의 것을 양손에 받아서 같이 식사를 하고 뒷정리까지 했다.

친구를 엎고 계단을 오르내린 지 며칠째 되던 날이었다. 아들은 그날도 친구를 업고 4층 계단을 내려오던 중이었다. 한 발 두 발 급하게 내딛는데 갑자기 다리에 힘이 빠졌단다. 순간 오른발을 헛디뎠는데 왼발도 중심을 잡지 못한 채 그대로 나뒹굴었다. 누가 보면 둘이 싸우다가 계단에서 굴러떨어진 것 같았다. 업힌 아이는 다행히 다친 곳이 없었다. 둘째는 무릎과 팔꿈치에 멍이 들어서 집으로 왔다.

담임선생님이 나에게 전화를 한 것은 미안함과 고마움 때문이라고 하셨다. 우선은 무릎 다친 것이 걱정이 되었고, 한편으로는 찢어진 교복 바지 때문이었다. 친구를 도와주다가 팔꿈치와 무릎 깬 것도 속상한데 교복 바지가 입지 못할 정도로 다 헤졌단다. 얼마 남지 않은 학교생활에 바지를 다시 구입하는 문제 때문에 전화를 한 것이다. 부모의 입장을 헤아린 선생님의 마음이 전화를 하게 했던 이유였다. 걱정이 안도로 변하는 순간이었다.

선생님과 통화를 끝내고 전화기를 놓는 순간 아들에 대한 듬

직함에 입꼬리가 귀에 걸렸다. 또한 선생님의 다정한 모습이 떠올라 흐뭇한 마음이 번졌다.

   그날 집에 돌아온 아들은 선생님께 야단과 칭찬을 동시에 들었다고 한다. 계단에서 업고 뛰다가 큰 사고가 날까 봐 걱정하면서도 한편으로는 친구를 위하는 고마워하는 마음을 느꼈다고 한다. 그런 선생님을 아들은 존경한단다. 그 말을 듣는데 코끝이 시큰거렸다.

제5부

아름다운 통곡

통곡의 방으로 들어선다. 내 가슴을 서너 번 쳐본다. 조용하던 방이 쾅쾅 울린다. 소리를 질러도 두발로 힘차게 뛰어도 꿈쩍도 하지 않던 소리가 가슴을 탕탕 두드리니 좁은 공간 속에서 쿵쿵 울리는 것이다.

- 아름다운 통곡
- 갱년기
- 보리수나무 찾기
- 고흐의 마을에서
- 애플 망고
- 꾸스코의 슬픈 역사
- 굿바이 소년
- 바예스따 섬의 보물
- 키스하는 연인
- 물길

아름다운 통곡

 허물어진 사원은 입구에 들어서면서부터 나를 제압한다. 수천 년 전부터 내려오던 기운의 세례를 받는 양 가슴이 뭉클하다. 이파리 하나 없는 스펑나무를 받들고 서 있는 사원은 폐허가 된 것으로 보아 오랜 세월이 흘렀음을 짐작케 한다.
 나는 지금 캄보디아의 사원, 앙코르 톰에 와 있다. 담과 담 사이는 마치 용암이 흘러내린 형상이다. 사원을 짓느라 동원되었을 사람들의 힘겨움이 사암에 새겨져 있다. 돌 틈 사이로 사원 곳곳에 파고든 뿌리들은 사원과 나무가 한 몸이 되어 관광객의 시선을 끌어모은다.
 앙코르 톰은 앙코르 왕조 자야바르만 7세 때 재건했으며, 왕

궁과 사원을 비롯한 대도시의 규모를 갖추었다. 성벽이 둘러싸여 있으며, 가운데는 바이욘 사원이 우뚝 솟아 있다. 동서남북과 왕국을 잇는 다섯 개의 문이 있으며, 북서쪽으로 빠푸욘 사원이 나온다. 그 길을 따라가면 사열대 행진을 하는 코끼리 테라스가 보인다. 오랜 세월 왕가에 문둥병이 걸려서 세상과 단절되었다가 공개된 지는 얼마 되지 않는다고 했다.

빛바랜 사원은 나무와 함께 오랜 세월 공생관계로 의지하고 있다. 퇴색된 유적만 있고 길게 뻗어 있는 나무가 없다면 이렇듯 유명하지 않았을 것이다. 그들은 이제 떼어 놓을 수 없는 관계다. 나무를 베어 내고 뿌리를 뽑는다면 사원은 그대로 무너질 것 같은 태세다. 한 번 맺어진 인연으로 수천 년 동안 끈끈한 정을 과시하고 있는 폼이다.

허물어진 벽 사이로 압사라 조각이 돋보인다. 조각들이 서 있는 옆에 나란히 서서 얼굴을 갖다 댄다. 그 시대에 살던 사람들이 저벅저벅 벽 사이에서 걸어 나올 것만 같다. 아주 작은 체구다. 무더위 속에서도 살아남을 수 있는 야무진 모습이다. 눈 매무새도 날카롭다.

한 시대의 문화를 찬란하게 향유했으면서도 후세대까지 남겨진 문화유산이 보존되어 있음에 경이롭다. 고개를 돌려 여기저기 새겨져 있는 돌조각들에게 눈을 맞추자 연민의 정이 느껴진다. 보석의 방에서 발걸음을 멈춘다. '자야바르만 7세'가 어머니를 위해 만든 방이다. 나병 환자였던 어머니를 위해 몸과 마음이 무릉도원처럼 편하게 지낼 수 있게 효를 바친 곳이다.

　몇 세대를 거쳤지만 세상과 소통하지 못하고, 그들만의 공간이 오랜 세월 정글 속에 묻혀 있다가 어느 여행가에 의해 발견되었다. 병에 걸려 전염되었던 사람들이 세상과 단절되어 소식이 끊겼을 터이고, 서서히 죽음까지 이어지지 않았을까. 천장이 뚫린 사각형의 방에 햇빛이 쏟아진다. 그 빛은 머리 위 창가에서 머문다. 환자였던 어머니를 더 가까이서 볼 수 있게 빛을 반사시켜 놓았다. 천장은 하늘과 맞닿을 듯 가깝다. 살아서 닿을 수 없었던 하늘에 더 가까이 가려했던 자야바르만의 염원이 담겨 있는 뜻은 아닐까. 어머니와 함께하고픈 마음이 엿보이는 것 같다.

　통곡의 방으로 들어선다. 벽에 많은 구멍이 숭숭 뚫려있다. 루비와 사파이어가 박혀있던 자리다. 가슴을 두드리며 한을 품었던 그의 모습을 떠 올린다. 효를 다한 그의 목소리가 어머니에게 들리지 않게 가슴팍을 쳤던 곳이다. 내 가슴을 서너 번 쳐 본다. 조용하던 방이 쾅쾅 울린다. 소리를 질러도 두 발로 힘차게 뛰어도 꿈쩍도 하지 않던 소리가 가슴을 탕탕 두드리니 좁은 공간 속에서 쿵쿵 울리는 것이다.

　눈을 감고 통곡의 소리를 듣는다. 임종을 앞두고 아버지의 초췌한 모습이 하필 이 통곡의 방에서 울림으로 다가온다. 아버지는 지하 땅굴에서 석탄 캐는 일을 했다. 어느 날 수 백 미터 지하에서 다이너마이트로 발파작업을 하던 중 갱이 무너졌다. 관리가 제대로 되지 않은 노후한 시설로 인재 사고가 났지만 아버지의 실수인 것처럼 꾸몄다. 회사에서는 일을 덮는데 급급하느라 구조가 늦어졌다.

석탄이 삽시간에 아버지의 몸을 에워쌌다. 옴짝달싹하지 못한 아버지는 지하 어둠 속에서 며칠 동안 갇혀 있었다. 몸을 제대로 움직이지 못했고, 까닥하면 떨어질 석탄에 함몰될 것 같은 불안감에 떨었다. 아버지는 손으로 쇠 파이프를 내리치며 살려달라는 신호를 보냈다. 하지만 그 신호는 바깥세상과 소통이 되지 않았다.

자야바르만이 돌림병으로 세상과 소통하지 못한 채 단절된 삶을 살아야 했던 것처럼 아버지는 얼마나 불안하고 적막했을까. 나는 아버지만 생각하면 지금도 가슴이 미어진다. 갱 안에서 현재와 미래를 저당 잡힌 채 숨죽여야 했던 아버지가 통곡의 방에서 애타게 그립다.

가슴을 탁탁 두드리며 아버지의 삶을 조명해 본다. 내가 첫아이를 품었을 무렵, 아버지는 세상의 끈을 놓으셨다. 갱 속에 갇힌 후유증으로 깊을 대로 깊어진 아버지의 폐병은 내 아이가 태어날 때까지 기다려주지 않았다. 나는 아버지가 너무나 그리워 몇 번이고 가슴팍을 쳤다. 쿵쿵 울리는 소리는 아버지가 있는 하늘까지 맞닿을 것만 같았다.

자야바르만 7세는 어머니를 위해 효를 다했지만 나는 아버지에게 해드린 게 아무것도 없었다. 가슴이 미어지는 아픔이 폐허가 된 사원 속에서 속죄하듯이 숙연해진다. 통곡의 방에서 바깥으로 나오니 햇살이 눈부셨다. 정수리 위에 서 있던 뜨거운 공기가 남실바람에 서쪽으로 조금씩 기울어지고 있었다. 발걸음을 옮겨 사원을 올려다보니 큰 규모와 정교한 예술성에 감탄이 절로 나온다.

폐허가 된 사원의 곳곳은 아직도 복원의 손길이 필요한 듯했다. 관광객의 통행에 안전을 기하기 위해 최소한의 길만을 보수하고 있음을 엿본다. 짝을 찾지 못하고 어지럽게 흩어져 있는 압사라 돌조각들이 수만 가지의 모양으로 흩어져 있다. 그들이 제 짝을 찾느라 어수선하다.

뿌리를 길게 늘어뜨리고 있는 나무들은 유적이 빛나도록 자신의 자리를 내주었을 것이다. 그 자리가 더욱 빛나는 것은 유적도 나무를 끌어안고 있기 때문이 아닐까. 사람도 혼자는 살지 못하고 서로가 서로에게 기대고 끌어안고 살아간다. 그 모습처럼 사원과 나무도 그렇게 살아왔고, 앞으로도 그렇게 살아갈 것이다.

사원을 나와서 먼지가 펄펄 날리는 길을 한참 걸었다. 문득 뒤를 돌아보았다. 무너진 돌 지붕 틈 사이로 석양이 내리쬐고 있었다. 그 속에서 아버지의 웃는 모습이 보이고, 어머니를 위해 효를 다한 자야바르만 7세의 모습이 환영처럼 지나간다. 캄보디아 앙코르 톰은 세상에서 가장 '아름다운 폐허'로 아버지의 환영과 함께 눈부시게 빛나고 있었다.

갱년기

　갱년기가 왔다. 통보도 없이 시나브로 스며들었다. 아직까지 찾아올 시기가 아니라고 생각했는데 어느 순간 몸속으로 비집고 들어와 나갈 생각이 전혀 없다. 어떻게 쫓아낼까 궁리 끝에 어디론가 떠난다면 툭 떨어지겠다는 생각이 들었다. 바로 보라카이 섬으로 향했다.

　보라카이 섬은 해변과 석양이 아름다운 곳이다. 코코넛 향기를 품은 바람결이 내 귓불을 스쳐갔다. 야자수가 곁들인 해변에는 모래가 눈부시게 펼쳐져 있었다. 맨발로 뛰었다가 걷다가, 걷다가 뛰기를 반복했다. 파도치는 소리를 듣고 해변을 거닐고 자연 그대로의 모습만 봐도 내 몸속의 나쁜 기운이 빠져나갈 것 같앉다.

 그날 저녁, 일기예보에도 없었던 태풍이 몰아쳐서 평화롭던 해변은 난리가 났다. 파편이 떨어지는 소리와 천둥번개가 요란을 떨었다. 낯선 곳에서 맞이하는 천둥번개 소리는 밤새 뜬눈으로 뒤척이게 했다. 그렇게 하루를 보낸 다음날, 거칠었던 태풍이 지나갔지만 언제 그랬냐는 듯이 아침은 맑고 투명한 햇살이 가득했다. 흐렸다 맑아지고, 맑았다 흐려지는 하루는 내 기분과 똑같았다.

 하루의 스케줄이 또다시 시작되었다. 비 온 뒤의 습습한 골목으로 가이드를 따라 움직였다. 그날은 다이빙 체험이 있었다. 전날 미친 듯 날뛴 바다를 상대로는 상상도 할 수 없는 일이었다. 다이빙할 사람들에게 십 분 정도의 짧은 이론 교육이 있었다. 풀장에서 실제로 연습을 하고, 물에 자신 있는 사람은 산소통을 업고 바다에 뛰어들기로 했다. 초보자인데도 다이빙하려고 준비하는 사람들이 대단하다는 생각이 들었다. 10미터 아래의 바닷속으로 뛰어든다는 것은 나는 상상도 해 본적이 없었기에 더 부러웠는지도 모른다.

 "지금 안해 보면 언제 해 볼래?"

 물갈퀴를 신고 산소통을 매던 남편이 한 마디 던졌다. 그냥 스쳐 지나가는 소리라고 여겼다. 내가 물을 무서워하고 싫어하는 것을 알면서 그렇게 부추긴 것은 사춘기보다 무섭다는 갱년기를 떨쳐내라고 하는 격려 같았다.

초등학교에 들어가기 전이었다. 물과 친하지 않았던 나는 아이들이 물놀이하는 모습만 봐도 즐거웠다. 혼자 노는 내가 안쓰러웠는지 아랫동네에 사는 영희가 같이 즐기자며 내 손을 잡아당겼다. 수영도 가르쳐 주겠다며 끈질기게 나를 설득했다.

마지못해 친구의 손을 잡고 물속으로 따라 들어갔다. 생각보다 쉽게 물과 친숙해졌다. 친구의 손을 잡고 물놀이를 즐겼다. 물장구를 치고 두 손 가득 모은 물을 친구에게 던지기도 하면서 해가 서녘으로 넘어가는 줄도 모르고 놀았다. 물놀이에 빠져서 정신없이 놀고 있을 때 깊게 파인 물속에서 나는 그만 발을 헛디뎌 허우적거렸다.

지금 생각해 보면 물이 깊지도 않았을 텐데 겁부터 나서 허우적거리다가 정신을 잃었던 것 같다. 아이들은 "사람 살려주세요." 소리를 쳤고, 지나가던 동네 아저씨가 나를 건져냈다. 그 후 물만 보면 깜짝 놀랐고, 텔레비전 화면 속 바다만 봐도 그날의 악몽이 살아났다.

모두가 바닷속에서 아름답고 화려한 산호를 보겠다고 야단법석이었다. 알록달록한 물고기가 많다며 그중에서 니모가 살고 있는지 찾겠다는 사람들의 흥분된 목소리도 들렸다.

문득, 쉰의 중반이 넘도록 해보지 않았던 것들이 해 보고 싶어졌다. 기회였다. 할 수 없다는 마침표를 진행형의 쉼표로 바꾸고 싶었다. 해 볼까. 아니야, 난 할 수 없어. '한다'와 '못한다' 사이에서 내 마음은 치열하게 저울질을 했다. 그러다 지금 미루고 나면 영영 기회가 오지 않을 거란 생각으로 저울추가 한쪽으로 기울기 시작했다.

드디어 나도 다이빙 옷으로 갈아입었다. 물안경을 하고 물갈퀴를 신었다. 만반의 준비를 하고서도 마음은 두근거렸다. 바다 깊숙이 들어가서 말도 못하고 그대로 **빠져 죽으면** 어떻게 하지? 내 안에 있는 마음과 바깥의 나는 여전히 오락가락했다. 그래 오늘 죽는 한이 있어도 해보자. 연습할 땐 겁부터 났고, 엄지와 검지로 코를 막고 입으로 숨 쉬는 것도 힘들었지만 마음을 정하고 나니 오히려 편안해졌다.

방카를 타고 어디론가 한참을 달리더니 배가 바다 한 복판에 멈춰 섰다. 어제와 달리 햇살은 눈부셨고, 파도는 잔잔했다. 내가 의존할 곳은 등에 맨 산소통 하나였다. 수경을 끼고, 산소 호흡기를 꽂고, 등에는 산소통을 맸다. 푸른 바다는 모든 것을 다 삼킬 듯 출렁거렸다.

배 끄트머리에 앉았다. 순간 오만 생각이 다 났다. 내가 여기서 살아나올 수 있을까. 살아나온다면 앞으로 어떻게 살아갈까. 이제까지는 옆도 뒤도 보지 않고 살았다면 남은 인생은 여러 곳을 골고루 보면서 살아야 하리. 촌각의 시간이었지만 마지막이라는 단어도 떠올랐다. 순간 현기증이 났다. 누군가 바다를 향해

밀치는 순간 나는 물속으로 내동댕이쳐졌다. 바다 한가운데 어디선가 정신을 잃은 듯 아찔했다.

  귀에서 윙윙 소리가 났다. 멈췄던 들숨날숨을 쉬었다. 감았던 눈을 살며시 뜨자 수많은 고기떼들이 춤을 추고 있었다. 산소통에서는 쉼 없이 물방울이 터져 나왔다. 환영이라도 하듯 형형색색의 고기들이 나를 에워싸면서 지느러미를 살랑거렸다. 축제에 초대받은 느낌이었다. 바다 깊은 곳에 들어와야만 볼 수 있는 산호초도 눈부시게 빛났다. 아름답고 황홀한 풍경이었다.

  어렸을 적 콤플렉스 때문에 물과 멀리했던 지난날이 아쉬웠다. 물을 피하기만 하고, 도전해 볼 생각은 왜 안 했을까 후회스러웠다. 통보도 없이 찾아왔던 갱년기는 언제 끝날지 모르지만 앞으로는 피하지 않고 뭐든지 맞닥뜨리면서 해볼 참이다. 세상을 떠날 때 이것도 해 볼 걸, 저것도 해 볼 걸 하는 후회를 하지 않기 위해서라도.

보리수나무 찾기

한 해가 시작되는 첫날, 이십 년 지기 부부들과 태국으로 여행을 떠났다. 그들과는 아파트에 입주하면서 알게 된 사이다. 한두 살 차이가 나지만 따지지 않고 친구로 지내는 사이다. 우리는 수십 년 동안 적금을 붓고 알뜰히 모아서 아파트 분양을 받았다. 부모한테 물려받은 재산이 한 푼도 없다는 게 공통분모였다.

다섯 가족은 오래전부터 여름엔 바다를, 겨울엔 눈꽃 산행을 떠나곤 했다. 콘도 하나에 스무 명 넘는 식구가 밤을 지새웠다. 아이들은 저희들대로 즐거웠고, 어른들은 아이들 보는 재미에 행복했었다. 그런 아이들이 결혼을 하고 막내들도 대학교에 다니고 있거나 졸업을 했지만 여전히 여행을 함께 하고 있다.

우리는 몇 년 전부터 해외여행을 떠나자고 돈을 모았다. 그 첫 여행지가 태국이었다. 젊은이들처럼 인터넷으로 비행기표를 끊고 숙소를 정하고 가이드 없이 여행길에 올랐다.

첫날은 바나나 보트며, 제트스키 파라세일링을 탔다. 산호섬에서 수영복을 입고 파도에 휩쓸려 몸을 맡기기도 했고, 햇살을 즐기며 여유로운 시간을 만끽했다. 저녁 무렵에 '새벽 사원'에 올라 일몰의 아름다움에 충만한 기쁨도 누렸다. 나흘간의 여행을 마치고 오 일째 되던 날 아유타야를 찾기로 했다. 그곳에서 무엇을 보며, 어디에 목적을 두고 여행할 것인가를 생각했다. 마침 아유타야를 들어가는 입구에서 책자 하나를 받았다. 그리고 그날 여행 목적도 정해졌다.

여행의 마지막 날 일정은 불상의 머리를 감싸고 있는 보리수나무 찾기였다. 이곳에 대해 아는 사람이 아무도 없었다. 입구에서 받은 책 한 권이 우리의 발길을 그리로 이끌었다. 책 표지에 그려져 있던 보리수나무에 둘러싸인 불상이 나 찾아보란 듯 양쪽으로 눈을 치켜뜨고 흘겨보았다. 귀신에 홀린듯 우리는 그곳을 찾기 위해 발걸음을 옮겼다. 어느 방향으로 가야 할지 갈피를 잡지 못했다. 우리의 인생도 그렇지 않던가! 어떻게 살아야 할지 갈팡질팡할 때가 있었다. 그럴 때마다 남에게 피해 주지 않고 자신의 자리에서 최선을 다하면서 살았다.

나무 그늘 아래서 담소를 나누고 있는 학생들에게 달려갔다.

표지의 그림을 보여 줬더니 손가락을 가리키며 방향을 제시했다. 그 길을 따라 걸으면서 나무와 유물과 건축에게 눈인사를 건넸다. 세심하게 살폈지만 아무리 찾아도 불상의 모습은 어디에도 보이지 않았다.

걷고 또 걸었다. 넓은 길을 걷다가 오솔길로 접어들었다. 그곳에서 보리수나무 대신 연리지를 만났다. 팻말이 없어서 그냥 지나쳤는데 나무의 모양새가 특이해서 가던 길을 멈추었다. 나무 앞에서 걸음을 멈추고 세밀하게 관찰했다. 두 나무가 엉켜서 한 나무로 자라고 있었다. 버드나무와 멀구슬나무였다. 멀구슬나무 줄기에 버드나무가 업혀 있었다. 밑둥치부터 다른 나무가 서로를 붙들고 자랐으니 그때부터였을까. 두 나무는 한 몸이 되어 부부로 살고 있는 게 분명했다. 참 특별한 인연이었다.

그것은 마치 우리 부부들의 모습과도 같았다. 서로 다른 한 인격으로 살다가 부부라는 연을 맺으면서 수십 년째 동반자로 살고 있으니 얼마나 큰 인연인가. 성격 차이로 맞지 않는다며 헤어지자고 하던 한 부부는 몇 년 동안 사이가 좋지 않았다. 얽히고 설킨 실타래처럼 아옹다옹하다가 아이들이 커가자 마음을 바꾸었다. 서로 양보하고 조율하면서 수습이 되었다. 높이 솟은 나무를 보다가 그 친구와 눈을 맞추니 쑥스러운지 배시시 웃음을 날렸다.

오전 내내 걸었더니 다리가 아팠고, 배도 고팠다. 오솔길을 벗어나자 냇물이 유유자적 흘렀고, 벚나무들이 울창했다. 그때 자전거에 아이스크림을 싣고 다니며 우리에게 내미는 젊은이가 보였다. 우린 아이스크림을 하나씩 입에 물고 행복해했다. 세상에서 가장 맛있는 아이스크림이었다. 게 눈 감추듯 후딱 사라졌지만 더위와 배고픔에 먹었던 아이스크림은 지금도 잊을 수가 없다.

왓 프라시산펫이라는 곳에 도착했다. 눈앞에 커다란 황금불상이 안치된 모습이 보였다. 규모가 어마어마했다. 우리 일행은 각자가 두 손을 모으고 고개를 숙였다. 어디를 가든 머리를 숙이고 두 손을 모아 기도하는 모습은 겸허해 보였다. 앞에 보이는 저 여인은 무엇을 위해 기도를 할까. 자식을 위해 기도를 하는 것일까. 저 옆에 서 있는 젊은 부부는 무엇을 위해 손을 모을까. 아기를 원한다는 기도일까. 나도 가족의 건강과 아이들 행복을 위해서 두 손을 모았다.

일행은 또다시 걸음을 재촉했다. 햇살은 따가웠지만 그늘에만 들어서면 시원한 바람에 상쾌했다. 빠른 걸음으로 걷고 있는데 붉은 건축물이 바쁜 우리들의 발걸음을 붙들었다. 미얀마와의 전쟁에서 승리한 것을 기념하기 위해 지은 건축물이었다. 종 모양이 전형적인 스리랑카 양식이었다. 특이한 건물에 넋을 잃고 바라보았다.

정오가 한참 지나서야 마침내 우리가 찾던 보리수나무를 찾앉다. 저 멀리서도 나무의 자태가 드러났다. 불상의 머리를 안고 있는 나무를 찾기 위해 동분서주했는데 포기할 즈음 눈에 뜨인 것이다. 아유타야 왕조의 흔적을 없애기 위해 미얀마는 불상의 목을 치고 건축물을 파괴시켰다. 잘려 나간 불상의 머리를 보리수 나무뿌리가 안고 있고, 건축물의 흔적들도 널브러져 있었다.

전쟁의 황폐한 모습은 눈뜨고는 차마 볼 수가 없었다. 나무뿌리가 잡고 있는 불상의 머리는 섬뜩하게 느껴졌다. 보리수나무는 안쓰러운 듯 잘려나간 목을 휘감고 있었다. 나무뿌리에 박힌 불상의 얼굴은 실눈을 뜨고 웃고 있었다. 옆 친구는 우는 모습이라 했고, 다른 친구는 화난 표정이라고 했다. 보는 사람에 따라서 웃고 울고 화난 모습이 자신의 모습이라고 입을 모았다.

우리의 삶은 보리수나무를 찾듯이 보물찾기가 아닐까. 보리수나무가 모진 풍파를 견뎌내고 자리를 지켰듯 우리도 그렇게 살아야 하리. 산 넘고 물 넘어 아름다운 삶의 무지개를 찾아가는 것이 인생이 아니던가! 일상을 벗어나 잠시나마 환상적인 분위기에 젖어들었던 일정도 막을 내렸다. 아유타야를 빠져나오니 오후의 햇살이 정수리를 뜨겁게 달구고 있었다.

고흐의 마을에서

　프랑스의 어느 한적한 마을에서 고흐를 만났다. 그는 흙먼지 날리는 마을 입구와 종탑이 하늘 높이 솟은 시청, 오솔길 옆의 밀밭, 동네 이곳저곳에 자취를 남겨 놓았다. 유채 물감을 찍어 캔버스에 터치한 그림들은 구석구석에서 빛이 쏟아지는 듯했다. 스케치북과 이젤과 화구통을 멘 그가 어디선가 나타날 것만 같아서 나는 자꾸만 두리번거렸다.
　오베르쉬르 우와즈는 고흐가 생을 마치기 직전까지 두 달여 동안 머물렀던 마을이다. 2차선 도로 옆 허술한 집에, 지붕이 우뚝 솟아 있는 창문이 보이는 곳 3층이 그가 머물렀던 다락방이다. 어둡고 삐꺽거리는 좁은 계단을 오르니 열린 문 사이로 그의 방이 보였다. 바닥은 나무로 깔려있고, 볼품없는 나무의자가 창밖을 내다보며 외롭게 앉아 있었다. 창을 비집고 들어온 햇볕이 사선으로 그 쓸쓸한 의자를 비추고 있었다.

옆방에 붙어있는 또 다른 방으로 고개를 돌렸다. 그곳에도 작은 나무 침대와 낡은 책상이 전부였다. 찾아오는 사람 없이 방 한구석에 웅크리고 앉아 그림을 그리고 있는 그의 모습을 떠올리자니 안쓰럽기 그지없었다. 아픔과 외로움을 동반한 그의 정신세계가 방 곳곳에서 스멀스멀 기어 나오는 것 같았다.

나는 글을 쓰기 시작한 지 한참 되었다. 먹고사는 게 우선이다 보니 글을 읽고 쓰는 일이 잘 되지 않았다. 나의 정신세계가 글쓰기에 몰입되지 못했다. 글이 깊이 있는 내면으로 들어가지 못했기 때문이다. 글을 써 놓고 보면 마음에 치는 글이 없었다.

고흐의 발자취를 따라가다가 그의 열정이 작품 세계를 깊이 있는 울림으로 끌어올렸다는 생각에 이르자 내겐 열정이 부족했다는 생각이 들었다. 글쓰기를 열정적으로 하지 못했기 때문에 그의 작품 세계가 더 깊이 있는 내면으로 와닿았다.

그는 다작의 작가였다. 스스로 생을 마감하기까지 수백여 점의 작품을 남겼다. 생전에 딱 한 작품만을 팔았을 만큼 가난에 허덕였고, 명예도 못 얻었지만 그림에 대한 열정만은 놓을 수 없었던 모양이다. 가난한 삶을 살았던 화가가 비고흐뿐이었을까. 보통 사람들은 포기를 하거나 타협을 하기가 쉽다. 하지만 그는 그림 그리는 것을 넘어서서 새로운 화풍을 개척하기 위해서 몸부림쳤다. 그의 열정과 고집이 나를 뭉클하게 만들었다.

나는 아직 글이 살아 움직이지 못하고 늘 제자리걸음이다. 마음은 늘 뜀박질하지만 더 이상 진척이 되지 않았다. 밥벌이에 이것저것 시작한 일을 수습하느라 전전긍긍하며 살아가고 있다. 몸도 마음도 쫓기는 건 물론이고, 일에 몰두하다 보니 몸 구석구석에서 고장 신호를 받고 있으니 글은 늘 뒷전이었다.

고흐의 흔적을 따라 마을을 한 바퀴 돌아 나오자 좁은 길 끝에 우뚝 선 성당이 보였다. 성당 앞에도 그의 그림은 걸려있고, 여느 그림과 마찬가지로 빛이 담겨 있었다. 남루하고 초라했던 이 화가에게도 잠깐이지만 인생을 환하게 반짝였던 봄날은 있었다. 그는 생을 마칠 때까지 남동생과 편지를 주고받았다. 동생은 영혼의 동반자였으며, 평생 그림을 그릴 수 있게 후원해 주었다. 어려운 일이 있을 때 늘 함께해 주는 이는 형제자매가 아닐까. 내게도 사랑스러운 동생들이 있다. 힘들 때나 행복할 때 반으로 혹은 배로 함께 할 수 있는 사람이 자매들이었다.

고흐는 조카의 방에 걸어 줄 그림을 그렸다. 푸른 하늘을 배경으로 커다란 나뭇가지에 흰색 꽃이 만발한 '꽃 피는 아몬드 나무'이다. 아몬드는 가장 빠른 12월에 꽃망울을 터트려서 봄이 옴을 알려주는 꽃이다. 모세는 가지 끝에 아몬드꽃 형상의 잔을 만들었고, 하느님이 아몬드나무 지팡이에서 싹이 난 것을 백성들이 보도록 한 것은 희망의 메시지를 전하기 위함이었다. 고흐도 새로운 봄날이 오기를 학수고대하면서 그림을 그리지 않았을까.

'꽃 피는 아몬드' 그림은 고흐의 그림 중에서 내가 가장 좋아하는 작품 중 하나이다. 바라만 봐도 편안하다. 오래도록 감상하는 동안 지난한 내 삶에도 희망의 꽃봉오리가 팝콘처럼 팡팡 터지고, 피어서 절망하고 있을 때 희망을 주었다.

유명세에 비해 인기척이 드문 마을을 천천히 걷다 보니 내 몸이 물감으로 물드는 기분이었다. 골목으로 쏟아지던 햇살과, 창문 앞에 놓인 화분들과 유유자적하던 사람들의 모습은 내 기억 언저리에서 오래도록 살아 움직였다.

천재 화가였지만 불행한 삶을 살았던 고흐, 그의 갈등과 아픔이 오롯이 내 몸에 새겨진다. 세상을 떠난 후에야 유명해진 그를 생각하면 죽고 나서야 부귀영화가 무슨 소용 있나 싶다. 하지만 그의 작품과 영혼을 만나기 위해 세계 곳곳에서 많은 사람들이 끊임없이 모여들어서 놀라웠다.

그의 작품 속 마을에서 좀 더 머무르고 싶었다. 몇 달 동안 아니 한 달 그것도 안 되면 하루만이라도 머물면서 그의 그림을 오래도록 느끼고 싶었다. 단 몇 시간만 머물렀던 고흐의 마을, 이 마을에는 내 어린 시절 외갓집 가는 오솔길이 있었고, 살고 싶었던 상상의 집도 있었으며, 평온하고 아늑한 그리움이 머물러 있었다.

마을을 등지고 오솔길을 걸어서 나오다 뒤를 돌아보았다. 남루한 옷차림을 한 화가 고흐가 구부정하게 선 채로 마을 입구에서 잘 가라고 고개를 끄덕이는 것 같았다. 나는 답례라도 하는 듯 미소를 머금으며 손을 흔들었다.

애플망고

결혼 30주년 기념으로 페루행 비행기에 올랐다. 여행을 떠나기 전 지인을 통하여 애플망고가 유명하다는 소리를 들었다. 나는 그에게 망고 농장을 소개해 달라고 했었다. 복숭아와 포도농사를 짓고 있기에 망고 농사는 어떻게 짓는지 내 눈으로 확인하고 싶었다. 우리나라와 페루 사이에 FTA가 체결되어 있다니 그들의 농사법이 궁금했다.

망고 농장을 찾아가는 길은 쉽지 않았다. 리마에서 국내선 비행기를 타고 소도시까지는 네 시간이 넘게 걸렸다. 공항에 도착하자 한적한 시골이라 그런지 수도인 리마와는 또 다른 느낌이었다.

외국인이 거의 없는 거리에서 남편과 나는 사람들의 시선을 받아야 했다. 길거리에서 사람들과 마주치면 큰 체구와 왕방울만 한 눈으로 우릴 쳐다봤다. 내가 웃으면 따라 웃었고, 내가 무표정이면 똑같이 표정 없는 얼굴로 바라봤다. 신작로의 먼지는 풀풀 날렸고, 적도 지방의 햇살에 숨이 턱턱 막혀왔다.

우린 약속 시간보다 일찍 망고 선별장에 도착했다. 농장 대표를 찾아왔다고 하자 수위는 사각 철창문으로 얼굴만 빠끔히 내밀고는 기다리라고 했다. 그늘도 없는 땡볕에서 한참을 앉아 있으니 들어오라고 손짓했다. 그에게 여권을 맡기고 안으로 들어갔다.

선별장에서 일하는 사람이 무려 수백 명이 되었다. 경제가 붕괴된 베네수엘라에서 넘어온 사람이 대부분이었다. 망고 선별 작업과 박스 작업, 검역과 팔레트 점검 등을 파트로 나눠서 일을 하고 있었다.

우리나라에 수출될 망고라고 했다. 그들은 눈으로는 우리를 힐끔거리면서 손으로는 느긋하게 일하고 있었다. '빨리빨리' 일 하라는 우리 문화에 비췄을 때 답답한 생각이 들었지만 오히려 그런 분위기가 내게는 편하게 다가왔다.

농장 주인을 따라 망고가 심어져 있는 밭으로 옮겨갔다. 애플 망고가 주렁주렁 매달려 있었다. 붉으락푸르락 매달려 있는 모습이 등불을 매달아 놓은 것 같았다. 농장은 가도 가도 끝이 보이지 않았다. 더위에 지친 나는 망고나무 그늘 아래에 주저앉고 말았다.

주인은 안쓰러워 보였는지 굵고 맛있게 보이는 망고를 따서 내게 내밀었다. 손으로 다 받을 수 없어서 티셔츠로 앞치마를 만들어 움켜잡았다. 망고를 받자 내 얼굴에 생기가 돋아났다. 노란 망고는 먹어봤지만 애플망고는 처음 봤다. 새콤달콤한 맛이 일품이라며 기회가 되면 꼭 먹어보라던 친구가 생각났다. 당장이라도 깎아서 맛보고 싶었다.

그 순간, 한국에 있는 가족이 생각났다. 복숭아와 포도 농사짓는 지인들도 눈에 아른거렸다. 날마다 나의 일터로 오는 사람들과 평소에 내가 좋아하는 사람들과도 나눠 먹고 싶었다. 이렇게 귀한 것을 혼자 먹기엔 아까웠다. 바쁜 일정이기도 했거니와 칼이 없어서 맛을 보지 못한 망고는 여행이 끝나는 날까지 여행 가방 속에서 잠자고 있었다.

인천 공항에 도착한 후 체크인을 하고 보안검색대를 통과한 다음 캐리어 회전 테이블 앞에서 가방이 나오기를 기다렸다. 한참을 기다려도 가방은 나오지 않았고, 같은 기내에 탑승했던 사람들이 마지막으로 손을 흔들며 떠날 때였다. 저쪽에서 공항 직원이 나오더니 우릴 보고 안 쪽으로 들어오라는 손짓을 했다.

눈에 익은 하늘색 가방이 저 멀리서도 내 가방처럼 보였다. 직원이 내게 가방을 열어 보라고 했다. 가방 중간에 자크를 열자

망고 향기가 진동을 했다. 가방 속에는 물러 터져서 옷을 물들게 한 망고, 푸르죽죽해서 주름진 망고가 향을 뿜으면서 난리법석을 떨고 있었다. 검역소에서 나온 직원이 농산물은 검역을 받지 않고는 국내에 들어올 수 없다고 했다. 아차! 나는 그때서야 농산물 입국은 까다롭다는 것을 알아챘다. 직원은 망고를 모두 쓰레기통으로 버리라고 했다. 너무나 아깝고 속상했지만 어쩔 수 없는 일이었다.

페루에서 멕시코 공항까지 일곱 시간이 걸렸다. 아홉 시간을 기다리는 동안 멕시코시티를 구경하고 망고를 깎아 먹을 생각이었다. 택시를 타고 멕시코시티를 구경하고 오니 가방은 벌써 비행기에 올랐다고 했다. 그 후 우리는 인천 공항에 도착할 때까지 망고가 가방에 있었는지조차도 기억하지 못했다.

여행을 다녀온 지 몇 년이 흘렀다. 시간은 쏜살처럼 지나갔다. 코로나19가 기승을 부렸지만 페루를 여행했던 사진을 꺼내보면서 우울한 마음을 삭였다. 맛도 보지 못하고 쓰레기통으로 들어간 애플망고가 사진 속에서 먹음직스럽게 빛을 내고 있었다. 기온이 영하로 떨어지니까 따뜻하다 못해 뜨겁게 내리쬐는 햇볕이 그리움의 대상이 되었다. 검역을 받지 못하고 내버려진 망고를 아들은 나보다 더 아까워했다.

어느 날 아들이 망고를 주문했다. 층층이 쌓인 애플망고는 나를 따뜻한 페루의 퓨우라 농장으로 데려다주었다. 아들에게 페루 망고 농장주인의 아들을 소개했더니 저희들끼리 서로 연락을 주고받으며 친구로 지내고 있다. 애플망고는 아이들을 친구로 만들어준 매개체가 되었다.

   페루에서도 먹지 못했던 애플망고를 깎았다. 망고 특유의 그 윽한 향기가 방안 가득 퍼졌다. 추위를 많이 타는 나는 따뜻하다 못해 뜨거웠던 적도 지방의 그곳이 그리움으로 다가왔다.

꾸스코의 슬픈 역사

　마추픽추를 가기 위해서는 꼭 들러야 하는 곳이 있다. 쿠스코라는 도시다. 그곳은 해발 삼천사백 미터의 고산지역에 있다. 한때는 세계의 배꼽이라 불릴 만큼 잘나가는 도시였으며, 잉카제국의 수도였다. 페루의 수도 리마에서 비행기에 오를 때부터 그곳은 상상의 도시였고, 궁금증이 일게 하는 도시였다.
　쿠스코는 스페인의 오랜 지배로 유럽을 느끼게 했지만 잉카문명과 고산지대라는 특징이 혼합되어서 유럽과는 다른 느낌이었다. 잉카문명은 험준한 사막이나 협곡이 많은 지역에 발달되었고, 유럽의 건축물은 대부분 도시에서 예술 작품일 정도로 화려하거나 매혹적이었다.

잉카 제국이 건설한 아르마스 광장에는 잉카 특유의 건물은 보이지 않았다. 스페인 침략자들이 잉카의 문명을 없애려고 도시를 무참히 부수고 그 위에 자신들이 가져온 문화를 덮어씌우는 바람에 유럽식 광장을 만들고 그 옆에는 성당을 세운 것이다. 자신들의 문화를 퍼뜨리고자 잉카의 건축물을 파괴하고, 그 위에 지은 성당 안으로 지금은 페루 사람들이 평온하게 드나들고 있었다.

학창 시절, 세계사를 공부하면서 스페인 사람들을 엄청 미워했다. 교회는 다니지 않았지만 예수를 침략의 도구로 이용한 그들이 상상할 수 없을 정도로 잔인하게 느껴졌었다. 제3자인 나도 그러했는데 정작 피해자인 페루 사람들은 아무렇지도 않았을까. 아니면 세월이 흘러 상처마저 무디어진 것일까.

아르마스 광장에서 대성당을 바라보면서 위쪽 골목을 따라 걸었다. 평상적이고 일상적인 사람들의 느긋한 모습이 여유로워 보였다. 경사가 높았지만 현지인들은 높은 지대의 생활에 익숙한지 아무런 문제가 없어 보였다. 나는 느린 걸음으로 움직여도 조금씩 가슴이 벌렁거리고 숨이 찼다.

스페인이 남미에 욕심을 부리지 않았다면 지금의 페루는 어떤 모습이었을까. 화려한 유럽식의 건축 양식이 아니라 그들 나름의 독특한 문화와 역사를 가지고 있지 않았을까. 아마도 개방적이고 자유로운 형태의 건축물이었을 것이다.

페루에 도착해서 궁금한 게 있었다. 식당과 상점, 백화점, 아파트를 포함한 모든 건물은 바깥에서 안을 들여다볼 수가 없었다. 대문은 늘 닫혀 있었고, 식당도 유리로 된 곳은 찾아볼 수 없어서 어떤 음식을 만들어 파는지 알 수가 없었다.

1층과 지하는 대부분 주차장이었다. 도로나 바깥에 차를 세워 놓으면 유리창을 부수고 차 안에 있는 물건을 훔쳐 갈 뿐만 아니라 차 부속품도 **빼내** 갈 정도로 위험해서란다. 내가 등 뒤로 가방을 메고 다녔더니 가슴으로 옮기라고 지나가는 한국인이 조언했을 정도였다.

한번은 점심을 먹기 위해 현지 식당에 들른 적이 있었다. 식당이 3층에 있었다. 가파르고 좁은 계단 때문에 큰 여행용 가방을 가지고 올라가기에 벅찼다. 가방을 1층에 두고 식당이 있는 3층으로 올라갔더니 주인이 3층까지 들고 왔다. 조금만 방심해도 잃어버린다며 조심하라고 일렀다.

그러한 문화는 속내를 좀처럼 내보이고 싶지 않은 데서 파생되었을지도 모른다. 36년간 일본에 나라를 **빼앗겼던** 우리들처럼 페루 사람들도 약탈자에 대한 반감을 숨기고 싶었을 것이다. 약탈을 당했기에 모든 것은 잠그고 끝내는 마음마저 닫지 않았을까. 일본 사람들을 미워하는 우리처럼 페루 사람들도 스페인에 약탈을 당했기 때문에 자신들의 모습은 감추고 속내를 바깥으로 보이지 않으려는 그들이 조금씩 이해가 되었다.

스페인의 지배에서 벗어난 지도 오랜 시간이 지났다. 하지만 페루 사람들은 여전히 그들의 말을 사용하고 그들이 즐겼던 음식을 먹고 있었다. 언어와 음식뿐만이 아니라 온통 스페인의 건축물과 문화가 이어 오고 있었다. 일제치하에서 벗어나자 우리말과 글, 문화를 되찾았던 우리와는 상반된 모습이었다.

페루에서 가장 오래된 리마 성당 안으로 들어섰다. 지하에 프란시스코 피사로의 유해가 모셔져 있는 무덤이 보였다. 그는 죽은 뒤에도 무덤 속에서 최고의 영웅으로 대접을 받고 있었다. 수많은 잉카인들을 멸망시킨 장본인이 백골이 된 채 누워 있어도 진정으로 그들에게 대접을 받고 있을까. 나는 피사로의 유해를 피하려고 고개가 저절로 옆으로 돌려졌다.

아르마스 광장으로 가는 로테토 골목으로 들어섰다. 돌을 깎고 다듬어서 만들어진 석벽은 종이 한 장 들어갈 틈도 보이지 않았다. 공장에서 찍어낸 직소퍼즐을 맞춰 놓은 것처럼 섬세했다. 삼각형, 사각형, 오각형 곡선으로 이어진 퍼즐은 빈틈이 없었다. 돌과 돌 사이에 면도칼도 들어가지 않는다는 12각 돌을 보았다. 젓가락 사용으로 우리 선조의 섬세한 기술이 세계 어디 내놔도 최고이며, 따라올 수 없다는 자부심을 갖고 있었는데 잉카의 석공들도 돌 다루는 솜씨가 만만치 않았다.

꼬리칸차 박물관 입구에 들어설 때였다. 벌렁거리던 가슴은 더 심해졌고, 머리가 띵하면서 답답한 증세도 나타났다. 괜찮겠지 하면서 천천히 걷는데도 가슴이 두근거리고, 귀는 먹먹해지면서 호흡이 가팔랐다. 심장이 곤두박질치는가 싶더니 눈앞의 모든 물체들이 가물거렸다. 옆에서 걷는 남편이 괜찮으냐고 물었을 때만 해도 산토도밍고 성당의 종탑이 아름답게 보였다. 빨간색 벽과 살구색 벽이 유난히도 눈에 아른거리던 순간 나도 모르게 그 자리에서 주저앉고 말았다.

눈을 뜨니 산소호흡기가 꽂혀있었다. 뜬 눈이 나도 모르게 스르르 감겼다. 시간이 얼마나 지났을까. 눈을 다시 떴을 때는 현지인 간호사가 알코올로 내 얼굴을 닦고 있었다. 산소포화도가 70%까지 내려가서 생명에 위험한 상태였단다. 98% 이상 될 때까지 산소를 흡입하고서야 침대에서 내려왔다.

쿠스코에 가면 고산병에 걸리기 쉽다며 조심하라는 말을 들었지만 평소에 건강하다고 믿었던 터라 별문제 없다고 여겼다. 대수롭지 않게 생각했던 병에 걸리고 나니 머리끝이 쭈뼛서면서 가슴이 먹먹했다. 쿠스코에 머물러 있는 3일 동안 따라다니던 고산병은 그곳을 떠나 페루의 수도 리마에 도착하는 순간 거짓말처럼 사라졌다.

페루 사람들은 잉카제국의 역사를 자랑한다. 그 슬펐던 시대를 건너 지금은 아무 일 없었다는 듯이 평온한 일상이 되었다. 쿠스코는 스페인이 정복했던 페루의 슬픈 역사와 함께 잠시 삶과 죽음의 갈림길에 섰던 나의 추억을 말하는 곳이 되었다.

굿바이 소년

 이른 새벽, 마추픽추를 가기 위해서 길을 나섰다. 아마존까지 이어지는 우루밤바강을 따라 천천히 움직이는 기차에 올랐다. 전날 밤, 통나무 지붕 위로 줄기차게 소낙비를 퍼부어서 잠까지 설치게 하더니 밤사이 저 깊고도 넓은 강물 줄기를 만들었나 보다. 강물은 수량이 어마어마했고, 물살도 세찼으며, 그 물소리가 기차 안까지 들리는 듯했다. 오른쪽으로는 밀림의 경치를, 왼쪽으로는 강물을 구경하다 보니 기차는 어느새 도착지 역에 사람들을 부려놓고 가던 길로 사라졌다.
 아구아스에서 내린 우리는 도로 옆 길가에서 버스를 기다렸다. 마추픽추를 가기 위해서 마지막 관문으로 셔틀버스에 올랐다. 버스는 굽이굽이 몇 구비를 돌았다. 이런 산중에 뭐가 있을까 싶을 정도로 한 구비 한 구비 돌 때마다 행선지에 대한 의문이 가시지 않았다. 그 궁금증은 마흔이 넘어서 대학 생활하던 때로 꼬리를 물고 간다.

아카시아 향기가 그윽하던 봄날, 교수님은 마추픽추 다녀오신 얘기를 들려주셨고, 나는 미지의 그곳을 상상했었다. 알파카가 풀을 뜯으며 느긋하게 움직이는 사람들과의 만남에 마음이 들떴다. 교수님은 인간이 만든 신비로운 유적과 자연 생태계가 보존되어 있는 소중한 유적지라고 하시면서 한 번쯤 꼭 가 보라고 추천해 주셨다. 그때부터였다. 언젠가 마추픽추를 여행하는 것이 버킷리스트의 열 손가락 안에 들어갔다.

정오가 지났을 때쯤, 버스가 목적지에 도착했다. 버스가 멈춰서자 허기가 느껴졌다. 새벽에 출발했던 우리는 기차와 버스를 번갈아 탔고, 정오가 지나서야 목적지에 도착했던 것이다. 구경은 둘째고 허겁지겁 스테이크와 감자튀김 샐러드와 후식이 진수성찬처럼 느껴졌다. 금강산도 식후경이라고 그제야 주변의 높고 낮은 산이며, 아래로 흐르는 굽이진 강줄기며, 구불구불한 길이 눈에 들어오기 시작했다.

마추픽추로 들어가는 입구에는 사람들만 바글바글할 뿐이었다. 저 안쪽에 뭐가 있을까 궁금증이 생길 정도로 안쪽은 보이지 않았다. 입구에서 출발해 계단 몇 개를 올라가지 않아서 소낙비가 퍼부었다. 갑자기 쏟아진 빗줄기로 앞서가는 사람의 형체조차 보이지 않았고, 마추픽추는 구름에 가려 버렸다. 미지의 세계에 온 듯했고, 비는 그칠 기미가 없었다. 처마 밑에서 한참을 서 있었다. 얼마 지나지 않아서 빠른 속도로 구름이 바깥으로 움직였다. 그러더니 번개처럼 햇살이 솟아 사방으로 내리꽂혔다. 그 와중에 쌍무지개까지 떴다. 두 개의 큰 산을 이어주며 생긴 커다란 쌍무지개는 한참동안 빛을 발했다. 생각지도 못했던 쌍무지개 뜬 마추픽추를 봤으니 행운을 잡은 셈이다. 그 신기한 모습에 취해서 그 자리에 오랫동안 서 있었다. 마추픽추는 수시로 바뀌는 날씨를 보여줬지만 아무것도 말하지 않았다.

무지개처럼 마추픽추가 공중에 떠 있다는 것이 신기했다. 돌담을 정교히 쌓은 것이며, 일률적으로 피라미드 모양을 만든 것과 독특한 모양으로 뼈대를 세운 것이며, 어느 것 하나 완벽하지 않은 것이 없었다. 돌로 건축물을 세우고 돌 축대로 수없이 많은 층계의 계단식 밭을 만든 잉카인들의 흔적도 볼 수 있었다. 채석장과 제사를 지내던 신전과 감자와 옥수수를 기르던 경작지와 그리고 그들의 주거공간이 이 높은 곳에 숨어서 오랜 세월을 견뎠다니 입이 다물어지지 않았다.

마추픽추는 완벽했다. 모든 건축물이 특별한 가공 없이 자연석을 이용하여 지어진 건물이었다. 그럴듯한 도구가 없었지만 돌로 조각한 건축들은 그대로 보전되어 있었다. 마치 거대한 돌의 신전 같은 도시를 세웠던 잉카인들은 이제 흔적도 없이 사라졌고, 무수히 많은 관광객이 그 자리를 빼곡하게 메우고 있었다.

교수님은 마추픽추 여행이 끝나고 가장 기억에 남는 것은 대단한 도시보다 신비로운 유적지보다 더 큰 감동을 받은 것은 사람의 향기라고 하셨다. 마추픽추 여행이 끝나고 돌아오는 길에 뭔가 모를 충만하면서도 허전하고 섭섭했던 마음을 달래주던 것은 열두 살 안팎의 소년을 만난 것이라고 했다.

버스가 움직이기 시작하자 차창 밖에서 한 소년이 손을 흔들었고, 여행객들은 차 안에서 손을 흔들며 작별을 나누었다고 한다. 한 굽이 한 굽이를 돌 때마다 소년은 지름길로 먼저 내려와 얼굴을 내밀었고, 차에 타고 있던 사람들은 환호하면서 손을 흔들었다. 다섯 번 정도 거듭해서 작별 인사를 나누었는데 마지막 굽이에서 버스가 서자 소년은 땀범벅이 된 얼굴로 버스에 올라타서는 굿바이 하며 마지막 인사를 했다.

박수 소리와 함께 관광객들은 앞다투어 주머니를 열었다. 세계 곳곳을 여행하면서 헤어짐의 인사를 이렇듯 거창하게 나눈 적은 처음이자 마지막이었다고 하셨다. 마추픽추에 여행객으로 왔지만 마치 이곳에 오랫동안 살다가 멀리 떠나는 것처럼 소년에게 배웅을 받은 듯 행복한 마음이 들었다. 그 감동의 여운이 오랫동안 머물러 있었고, 그곳을 떠올리면 굿바이 소년이 먼저 떠오른다며 미소를 지었다.

그 강의를 들은 지 십수 년 만에 마침내 나는 마추픽추를 찾게 되었다. 이곳으로 여행을 준비하기 전 한 굽이굽이 돌 때마다 소년을 떠올리곤 했다. 하루에 몇 번씩이나 마추픽추를 오르내렸다고 하는데 여행이 끝나고 돌아올 때까지 소년은 보이지 않았다. 혹시라도 나타날까 봐 자꾸만 고개가 좌우로 돌려졌다.

버스가 아구아스라는 산 아랫마을에 도착할 때까지 소년들은 끝내 만날 수 없었다. 나중이 안 일이지만 소년들은 어린 나이부터 굿바이 소년이라는 직업을 갖게 되었지만 대부분 교육을 받지 못했다고 한다. 날다람쥐처럼 골짜기를 뛰어다니던 소년들, 그 소년들은 언제부턴가 한 명 두 명 학교로 들어갔다고 한다. 비록 소년의 배웅은 받지 못했지만 학교에서 공부할 수 있는 여건이 되었다고 하니 그보다 더 감사한 마음이 들었다.

바예스따 섬의 보물

 바닷가 아담한 마을 뻬스코에 도착했다. 우리는 새떼를 보기 위해 여기서 배를 타고 바예스따 섬으로 가야 했다. 현지인 가이드가 스페인어로 말을 걸었다. 그는 우리가 자신의 말을 알아듣지 못하자 손짓으로 따라오라 했다. 선착장에 이르자 보트에 올라타라는 눈짓을 했다. 빈자리 하나 없이 좌석을 가득 메우자 보트는 부웅 하는 소리와 함께 곧바로 섬으로 출발했다.
 한참을 달리자 저 멀리 우뚝 솟은 바예스따 섬이 보였다. 섬이 가까워지자 바다 위에 떠 있는 새떼들이 북새통을 이루었다. 빽빽하게 바위에 앉아서 조잘조잘 거리는 새떼들의 소리가 야단법석이었다.

보트가 섬에 닿았다. 쿰쿰한 냄새가 진동했다. 어디선가 많이 맡아본 냄새였다. 새떼들의 배설물이었다. 그것은 굳어진 채로 수천 년 아니, 수만 년 동안 켜켜이 쌓여 있었다. 마치 흰색 페인트를 칠한 조형 예술품이 바다 위에 놓여있는 듯했다.

새떼들의 배설물은 질소와 인산이 함유된 구아노 비료로 쓰인다. 화학비료가 없던 시절에 구아노 비료는 대단한 인기를 누렸다. 바예스따 섬에서 나온 구아노 비료의 원료는 유럽과 미국으로 수출이 되었고, 전 세계로 뻗어 나갔다. 농토에 한 번만 뿌려도 작물이 잘 자랐기 때문에 획기적인 비료가 되었던 것이다.

오래전 가을, 외환 위기로 남편이 실직했다. 우리 가족은 갑자기 생계가 암담해졌다. 아이들 학원은 고사하고 땟거리조차 걱정이었다. 밥벌이를 하기 위해서 애를 썼지만 마땅한 일거리가 없었다. 유일한 위안은 멀리 떨어진 곳에 있는 작은 배밭이었다.

봄날, 배밭에 갔더니 배꽃이 활짝 피어 있었다. 눈부시게 핀 꽃을 보고 있으니 눈물이 났다. 앞날이 보이지 않는다고 절망하고 있던 순간에 하얗게 송이송이 피어있는 배꽃을 보니 작은 일렁임이 생겼다. 부자로는 못 살더라도 돈 걱정은 안하면서 살고 싶었다. 배밭에 비료를 뿌리면서 부디 돈 걱정 안하게 해 달라고 주문을 외웠다.

바예스따 섬에서 나오는 구아노 비료는 한때 가난한 페루를 부자 나라로 만들었다. 수십 년 전, 우리나라에도 구아노 비료가 들어왔었다. 비료는 농사짓는데 엄청난 역할을 했다. 복숭아와 포도농사를 짓는 나는 농작물이 잘 자라게 하기 위해서는 짐승들의 배설물인 유기질 거름이 최고라는 것을 알고 있다. 이 섬에서 수입되는 줄도 모르고 구아노 비료를 몇 년 동안 배 밭에 뿌렸다. 가격이 만만치 않았지만 좋다고 하니 돈을 들여서라도 맛있고 예쁜 배를 키워서 좋은 가격에 팔고 싶었던 것이다.

어느 해였던가! 작은 아이가 우리도 다른 아이들처럼 영어와 수학 학원에 보내달라고 아우성쳤다. 다른 친구들처럼 학원에서 공부하고 싶다고 했다. 나는 돈이 없어서 보내주지 못한다는 소리를 하지 못했다. "학원에서 공부하는 것보다 배 밭에서 놀면 더 재미있지 않냐?"는 말을 하고 돌아서는데 콧등이 시큰거리면서 눈시울이 붉어졌다.

우리는 배 농사를 희망으로 삼으며 하루하루를 보냈다. 아이들은 그 밭에서 유아기를 지나 청소년을 거쳐서 성인으로 성장했다. 열매를 적과하거나 전지를 할 때, 거름을 줄 때와 수확을 할 때도 늘 아이들이 함께 했다

두 아이가 공군 장교 지원서를 쓸 때였다. 이제까지 살면서 가장 행복했던 순간이 언제였냐는 면접관의 질문이 있었다. 아이들은 주말마다 작은 배밭으로 달려가서 일하던 지난날을 떠올렸다.

아이는 그 당시 우리집이 무척 힘들게 보내고 있을 때라고 했

다. 시간만 나면 밭으로 가서 무거운 짐을 날라야 했고, 퇴비도 뿌려야 했다. 일을 하다 보니 온몸이 땀범벅이 되었다. 무심코 형의 얼굴을 보았더니 흙투성이가 되어 있었다. 형도 나의 땀범벅이 된 얼굴을 쳐다보더니 배꼽을 잡고 웃더라고 했다. 형제는 서로를 보면서 얼굴이 일그러지도록 웃었다. 일이 끝나고 지친 몸으로 형과 아버지와 함께 목욕탕에 갔을 때가 가장 행복했었다는 답을 했고, 다행히 둘 다 장교가 되었다.

군 복무 후 형제는 저희들이 가야 할 길을 부지런히 가고 있다. 힘들게 보냈던 고난의 흔적도 조금씩 우리 곁을 떠나갔고, 가끔씩 하늘도 한 번씩 올려다보고, 땅도 내려다볼 수 있는 시간을 만났다.

먹고살기도 힘들었는데 살다 보니 지금은 지구 반대편의 나라, 페루의 보물섬에 올 수 있는 기회도 잡았다. 어렵고 힘든 시절에 농사지으며 새떼들의 똥을 금처럼 여겼던 시절의 기억을 떠올린다. 그런 기억 때문에 지금의 삶이 그리 고단하지만은 않은 것 같다.

바예스따 섬에서 바닷새들이 비행하는 모습을 만난 것은 행운이었다. 그 모습은 휘황찬란하였으며, 어떤 단어로도 형용하기 어려운 풍경이었다. 새떼는 우리에게 인사라도 하는 듯 섬에서 한참 떨어진 곳까지 따라오면서 끼욱끼욱 소리를 냈다. 그 소리가 너무나 정겨웠다.

돌아오는 길, 내가 탄 보트는 수면을 스치듯 날아가는 새들과 함께 거친 파도를 넘고 또 넘었다. 섬은 점점 멀어져 갔다. 새떼들의 동굴들도 점점 희미해져 갔다

키스하는 연인

새해 첫날, 페루의 리마 거리는 여유롭고 한산했다. 사방으로 뻗은 도로에는 차들도 사람들도 느긋하게 움직였다. 손을 들어 택시를 세운 다음 기사한테 휴대폰에 깔린 공원의 지도를 내밀자 기사는 신시가지 미라플로레스에 있는 '아모르 공원'에 데려다 주었다.

아모르 공원은 키스하는 연인상으로 유명하다. 수십 년 전 밸런타인데이를 기념해서 만든 조각상이다. 입구에 들어서니 페루 조각가 빅토르 돌핀이 조각한 남녀 키스하는 조형물이 눈에 확 띄었다. 그 조형물을 중심으로 여행객들이 분주하게 움직이고 있었다.

공원을 둘러싼 형형색색의 타일담이 꽃길처럼 이어졌다. 담 사이사이로 키스하는 연인들의 모습이 보이고 웨딩 촬영하는 신혼부부들의 미소도 보였다. 우리보다 연세가 많은 어른들이 손을 잡고 걸어가는 뒷모습도 아름다웠다. 아모르 공원은 사랑이 가득한 곳이었다. 그 모습들은 남편과 내가 젊었던 시절을 거쳐 지금까지의 모습을 보는 듯했다.

남편이 대학을 졸업할 무렵, 나는 직장에 다녔다. 그이의 등하굣길과 나의 출퇴근이 겹치면서 자주 맞닥뜨렸다. 첫눈에 마음이 끌려 우린 자주 만났다. 학생이었던 그와 사회 초년생인 나는 주머니가 빈약해서 데이트 비용을 아끼느라 두류공원을 자주 거닐었다. 데이트 비용을 아끼기 위해서였다. 공원은 숲이 울창했다. 봄이면 철쭉꽃이 담장을 가득 메웠고, 여름엔 매미 소리가 우렁찼다. 가을엔 낙엽을 밟으며 걸었고. 겨울엔 흰 눈을 맞으며 데이트를 즐겼다.

공원의 순환도로를 걷다 보면 민족 시인 이상화의 동상과 현진건의 문학비도 만날 수 있었다. 그 무렵 문화시설을 한창 정비했었고, 편의 시설인 휴게소와 매점, 음수대와 벤치 등이 이곳저곳에 세워지고 있었다.

아카시아 향기가 진동을 하던 5월 초였다. 그이는 졸업을 앞두고 농업고등학교로 교생실습을 나갔다. 다른 날보다 퇴근이 빨랐던 나는 약속 시간보다 먼저 두류공원에 도착해서 그를 기다렸다. 한 번도 약속 시간을 어기지 않았던 그가 30분이 지나도 나타나지 않았다. 갑자기 하늘에서 천둥번개가 치더니 먹구름이 몰려왔다. 순식간에 소나기가 쏟아졌다.

그 많던 사람들은 비를 피해 어디론가 사라지는데 반해 나는 허둥대다 비를 옴팍 맞고 말았다. 어쩔 줄 모르고 이리저리 둘러보니 마침 새로 짓는 건물이 눈에 들어왔다. 무작정 그리로 뛰어갔다. 아직 지붕이 완성되지 않았던 건물이지만 간신히 몸을 피할 수 있었다.

그는 삼십 분이 지난 후에야 나타났다. 야전잠바를 입은 그가 저만치서 어기적어기적 걸어왔다. 그를 기다리던 내 얼굴은 붉으락푸르락해졌다. 소낙비를 맞은 탓에 새파란 입술로 추위에 덜덜 떨고 있는 나를 향해 그는 기습 키스를 퍼부었다. 차가웠던 내 입술은 어느새 따뜻한 온기로 가득했고, 아무 말도 하지 못했던 나는 가슴만 두방망이질 해댔다.

그 무렵이었다. 가까운 친척이 국회의원 선거에 출마했다. 한 달 동안 캠프에서 선거 운동을 해달라는 연락을 받았다. 편지봉투에 주소를 쓰고, 투표하는 요령에 대한 글을 써서 가정으로 보내거나 일하는 사람들의 시간 관리가 내가 해야 할 일이었다. 그분은 국회의원에 당선이 되자 내게 비서라는 직함으로 일을 계속해 달라고 하셨다.

나는 그분의 부탁을 단번에 거절했다. 어머니는 안 가겠다고 하는 나를 억지로 끌고 국회의사당 사무실로 갔다. 그분은 나를 보자마자 내일부터 당장 출근을 하라며 호통을 치셨다. 사람이 태어났으면 서울에서 살아야지 평생 시골에서 살려고 하냐며 꾸짖었다. 머무를 곳이 없다고 핑계를 댔다. 아파트에 문간방 하나가 있으니 아무런 걱정 말고 서울에서 생활하면서 좋은 사람을 만나 결혼도 하라며 야단치다가 타이르기를 반복하셨다.

 나도 갈등이 없었던 것은 아니었다. 아무리 저울질해 봐도 서울에서 직장에 다니면서 좋은 사람을 만날 수 있는 기회는 많을 것 같았다. 하지만 소나기가 내리던 날, 두류 공원에서 그와의 첫 키스 때문에 그를 두고 떠날 수가 없었다. 새파란 입술로 덜덜 떨고 있는 나를 따뜻한 온기로 채워줬던 사람과 헤어지면 다시는 못 만날 것 같았다.

 주변의 사람들이 나를 놀려댔다. 열녀 났다며 가진 것 없고 내세울 것 하나 없는 사람한테 왜 그렇게 집착을 하냐고 했다. 그는 무뚝뚝하고 잔정도 없었지만 마음만은 많은 세월이 흘러도 변하지 않고 늘 내 편이 되어줄 것 같은 믿음이 있었다. 그 믿음은 연애 기간 오 년에 결혼 삼십 주년이 지나도 한결같았다.

 새해 아침, 아모르공원 내 광장에서는 젊은이들이 음악과 함께 자유롭게 춤을 춘다. 남녀노소 할 것 없이 모르는 사람들끼리도 어울려서 춤을 춘다. 그 모습은 우리네 삶과 별반 다르지 않다. 우뚝 솟아있는 키스하는 연인의 조형물은 내가 광장 밖으로 나올 때까지 자꾸만 내 눈길을 잡아끌었다.

물길

　이른 새벽길을 떠난다. 페루의 수도 리마에서 길게 뻗은 빤 아메리카나 고속도로를 달린다. 고속도로 옆으로는 끝이 보이지 않는 사막이 능선을 타고 하염없이 펼쳐진다. 도로 옆 가장자리에는 사람이 살까 싶을 정도로 허름한 움막들이 마을을 이루었고, 굴뚝이 즐비한 공장들도 메마른 땅에 가끔 우뚝 솟아 있었다. 물길 하나 보이지 않는데 포도나무가 길게 심어져 있다는 것은 의외였다.

　땅에 대한 애착은 사막이라 해서 다를 바 없었다. 이 척박한 땅덩어리도 주인이 있는지 누군가의 영역을 표시해 놓고 줄로 잇고 막대기도 꽂아놓았다. 물 하나 없는 사막에서 포도가 자라고 있다는 것은 땅 주인이 어딘가로부터 물길을 끌어와서 농사를 짓고 있다는 흔적이다.

얼마 전이었다. 복숭아밭 한 떼기를 덜렁 계약하고 말았다. 이것저것 알아보지도 않고 한 번 가보고는 마음에 들었다. 평평한 밭에 복숭아나무가 쭉쭉 뻗어 있는 모습에 가슴이 설렜다. 두 번째 밭에 갔을 때 주인과 바로 계약하자고 했다. 밭주인은 이십 년 넘게 복숭아 농사를 지었으나 올봄에 큰 수술을 하고선 일을 줄여야겠다고 땅을 내놓았던 것이다.

포도 농사를 짓겠다고 계약을 했는데 남편한테는 알리지 못했다. 다른 일을 벌여놓은 상태인데다 일손이 많아서 두 가지를 겸할 수 없다는 것을 안 순간 정신이 번쩍 들었다. 막대금은 어떻게 치를 것인지, 기존에 심어 있던 복숭아나무를 뽑아내는 작업은 누가 해줄 것인지, 포도 하우스를 짓는 일은 누구한테 맡길 것인지, 포도는 어떻게 심을 것인지에 대한 계획도 없이 덜컥 일을 저질렀다는 생각에 눈앞이 캄캄해졌다.

우리는 몇 년 전부터 영농조합 법인을 만들어서 농민들이 수확한 복숭아와 포도, 곶감 등을 수출하는 일을 하고 있었다. 그 중에서 샤인머스켓도 한 품목이었다. 이 포도는 씨가 없고 껍질째 먹을 수 있는 과일이며, 당도가 높아서 우리나라 사람뿐 아니라 외국인의 입맛도 사로잡았다.

수출을 보내는 첫해에는 농가에서 포도를 손질하고 선별한 다음 망을 씌우고 박스에 넣어서 가지고 왔다. 농민들이 선별 작업을 해 오면 그대로 팔레트 작업만 해서 외국으로 보냈다. 비행기를 타고 하루 이틀이면 현지에 도착해 마트와 백화점과 일반 가게로 운반되었다. 예상치 못한 일이 터진 것은 바로 다음날이었다.

바이어가 수십 개가 넘는 사진을 찍어서 카톡으로 보내왔다. 알이 크고 작은 것과 곰팡이가 핀 것, 포도알이 터진 것 등 클레임이 걸린 사진 속의 포도를 보고 내 얼굴이 화끈거렸다. 그런 일이 한두 번으로 끝났으면 그냥 넘어갔을 텐데 그 이후로도 몇 번이나 반복되었다.

농산물 수출은 나라의 얼굴이다. 하지만 시골에서 일하는 농민 대부분이 연세가 많다 보니 선별이 제대로 이루어지지 않았던 것이다.

카톡이 올 때마다 깜짝깜짝 놀랐다. 자다가도 카톡 카톡하는 소리만 나도 또 무슨 하자가 있을까 하며 두근거렸다. 그해는 포도 수출이 끝날 때까지 가시방석이었다. 보낼 때마다 하자가 생기니까 나의 이미지가 마이너스가 되었다. 속이 상했다. 다른 방법이 없을까 궁리하게 되었고, 포도 농사를 지어야겠다는 생각에 이르렀다.

땅을 계약하고 보니 막막한 순간에 놓였다. 계약금은 조금의 여유 자금이 있어서 지불했지만 잔금이 걱정이 되었다. 혼자서 어떻게 해야 할지 고민하다가 결국 남편에게 알렸다.

  남편은 잔금을 맞추는데 애를 먹었다. 하천부지가 딸린 밭이라 대출이 쉽게 되지 않아서 은행 몇 군데를 전전해야 했다. 이자를 비싸게 쓰면 대출을 낼 수 있다기에 그 방법을 썼다. 한 달에 들어가는 이자가 만만찮았다. 게다가 포도 비가림을 지으려고 견적을 내는데 생각지도 않았던 돈이 추가가 되었다. 나는 이것저것 알아보지도 않고 계획도 없이 덜컥 일을 저질렀다. 그 바람에 남편이 곤욕을 치렀다.

  남편은 내 삶에 있어서 물길이었다. 어떤 일이든 앞뒤 분간도 못하고 일을 저질러 놓으면 정리해 주는 사람이었다. 그는 나에게 타일렀다. 다음부터는 일을 저지르지 말고 하던 일만 하자고. 그런데 나는 일이 맞닥뜨리면 또다시 새로운 일을 꾸밀지도 모르겠다.

  사막의 척박한 땅에서도 포도가 자랄 수 있도록 누군가 물길을 끌어왔듯이 내 옆에도 소중한 물길이 놓여 있었다. 그 물길이 잘 뻗어나가도록 옆에서 길을 잘 터야 하리. 새롭게 시작하는 포도 농사는 배워가면서 지을 생각이다. 포도를 심고 순이 올라오면 붙들어 매고 유인하는 과정을 거치면서 그때마다 척박한 사막의 물길을 떠올릴 것이다.

김
미
숙
수
필
집

붉은 장미가 온 세상을 수놓았다.
푸른 하늘만 올려다봐도 가슴이 울렁거리는데
꽃길을 걸으니 세상이 너무나 아름답고 황홀하다.

우리시대의 수필 작가선 098
한 곡의 노래를 부르기 위해서

김미숙 2023

인쇄일 | 2023년 07월 15일
발행일 | 2023년 07월 20일

지은이 | 김미숙
엮은이 | 이유희
편집인 | 이숙희
발행처 | 수필세계사
인쇄처 | 포지션

출판등록 | 2011. 2. 16 (제2011-000007호)
주소 | 41958 대구광역시 중구 명륜로 23길 2
연락처 | Tel (053) 746-4321 / Fax (053) 793-8182
E-mail | essaynara@hanmail.net

값 13,000원
ISBN 979-11-85448-98-5

* 이 책의 판권은 지은이와 수필세계사에 있습니다.
  양측의 서면 동의가 없는 무단 전재 및 복제를 금합니다.